CAMINHOS E EQUÍVOCOS DA ESCOLA BRASILEIRA

Conselho Acadêmico
Ataliba Teixeira de Castilho
Carlos Eduardo Lins da Silva
Carlos Fico
Jaime Cordeiro
José Luiz Fiorin
Tania Regina de Luca

Proibida a reprodução total ou parcial em qualquer mídia
sem a autorização escrita da editora.
Os infratores estão sujeitos às penas da lei.

A Editora não é responsável pelo conteúdo deste livro. O Autor conhece os fatos narrados, pelos quais é responsável, assim como se responsabiliza pelos juízos emitidos.

Consulte nosso catálogo completo e últimos lançamentos em **www.editoracontexto.com.br**.

RONAI ROCHA

CAMINHOS E EQUÍVOCOS DA ESCOLA BRASILEIRA

Copyright © 2025 do Autor

Todos os direitos desta edição reservados à
Editora Contexto (Editora Pinsky Ltda.)

Capa e diagramação
Gustavo S. Vilas Boas

Preparação de textos
Mariana Carvalho Teixeira

Revisão
Mariana Cardoso

Dados Internacionais de Catalogação na Publicação (CIP)

Rocha, Ronai
Caminhos e equívocos da escola brasileira / Ronai Rocha. –
São Paulo : Contexto, 2025.
144 p.

Bibliografia
ISBN 978-65-5541-602-2

1. Educação – Brasil 2. Tecnologia e educação – Brasil
3. Pedagogia I. Título

25-1895   CDD 370.981

Angélica Ilacqua – Bibliotecária – CRB-8/7057

Índice para catálogo sistemático:
1. Educação – Brasil

2025

EDITORA CONTEXTO
Diretor editorial: *Jaime Pinsky*

Rua Dr. José Elias, 520 – Alto da Lapa
05083-030 – São Paulo – SP
PABX: (11) 3832 5838
contato@editoracontexto.com.br
www.editoracontexto.com.br

SUMÁRIO

PARA COMEÇAR A CONVERSA......7

NA RAIZ ESTÁ O ESPÍRITO......13

EQUÍVOCOS SOBRE A ESCOLA......31

AS TECNOLOGIAS DO INTELECTO......53

A ESPIRITUALIDADE NA ESCOLA......73

É PERMITIDO PROIBIR?......89

PESSOAS E VONTADES......101

INFÂNCIA E TECNOLOGIA......115

PARA CONTINUAR A CONVERSA......133

Referências......137

O autor......141

PARA COMEÇAR A CONVERSA

> "Acredito que a melhor maneira de explicar o que está acontecendo conosco é entrando em um campo em que raramente se entra nas ciências sociais: o da espiritualidade. A vida baseada no celular produz uma degradação espiritual não só entre adolescentes, mas em todos nós." (Jonathan Haidt, 2024)

Em janeiro de 2025, o Congresso Nacional aprovou a Lei n. 15.100/2025, que proíbe o uso de dispositivos eletrônicos nas escolas. O assunto era antigo, amargou quase 20 anos de gaveta, uma vez que a primeira proposta nesse sentido foi feita em 2007. Em março de 2025 a medida começou a ser implementada nas escolas. Não houve oposição; apenas se pediu que a medida fosse acompanhada de educação midiática, pois de pouco adiantaria somente proibir.

É só o começo, mas faz muitos anos que os professores pedem por isso. Essa lei pode ser um passo para a retomada do controle da sala de aula, para a sinalização de que estamos fazendo algo sobre a epidemia de ansiedade, depressão e distrações com que as crianças e adolescentes vivem. Há mais para se fazer, além da educação digital e do uso consciente das tecnologias. Temos que admitir que mal sabemos o que é uma tecnologia e que perdemos de vista a noção do que é, afinal, uma escola.

Sofremos hoje de nomofobia. A palavra foi criada no Reino Unido, em 2008, e consta no art. 4º da Lei n. 15.100/2025, e foi incorporada no Vocabulário Ortográfico da Língua Portuguesa (Volp) três semanas *depois* da publicação do texto legal. Tudo é muito novo. A Lei n. 15.100/2025 manda que as escolas criem espaços de escuta para quem sofre dessa nova condição, o pânico de ficar desconectado: *no mobile phone phobia.*

As mudanças que vemos nas crianças, provocadas pelo uso das mídias baseadas em telas e algoritmos que raptam a atenção, começaram na década de 1950 e ninguém sabe onde vão parar. O que está acontecendo não se resume a uma epidemia de ansiedade e depressão ligada ao mundo das novas tecnologias. O predomínio de experiências audiovisuais repetitivas sobre as vivências linguístico-conceituais criou padrões perversos de socialização, atenção e leitura. A infância está desaparecendo, em meio a uma degradação espiritual e cognitiva. As crianças usam as mesmas redes sociais dos adultos e são usadas por estas. Elas têm menos tempo para ser crianças.

Precisamos compreender melhor o que está acontecendo.

Neste livro proponho uma conversa sobre a escola como um lugar onde a formação espiritual convive com a tecnologia. Quero mostrar ao leitor que há espaço para ambas na escola, pois há uma compreensão da tecnologia que não necessariamente briga com a espiritualidade.

A restrição sobre o uso dos dispositivos eletrônicos nas escolas está sendo bem recebida. Há quem diga que tal medida é uma intromissão do Estado em uma área de decisões que cabem à família, que há uma reação alarmista baseada em evidências discutíveis ou, ainda, que a Lei n. 15.100/2025 criou uma atribuição a mais para os professores, já sobrecarregados. No geral, predomina algum otimismo. Quando tal lei foi aprovada, escutei o comentário, em tom de lamento, de um colega da minha universidade: "Bem que essa lei poderia ter incluído as universidades!" O problema não é só das crianças e dos adolescentes. O problema é de todos nós.

As crianças que nasceram a partir de janeiro de 2025 são os Beta. Essa geração nasce com seus pais e cuidadores bombardeados pelos avisos de cautela sobre o uso excessivo de telas. Esse pode ser um ano importante no calendário das advertências que foram feitas sobre os efeitos colaterais indesejáveis desse "admirável mundo novo". Os primeiros sinais de alerta foram disparados em 1995. Precisou-se de 30 anos para surgir um consenso sobre a necessidade de medidas de contenção no uso das maravilhas da internet.

* * *

Este livro tem alguns pontos de partida.

Em 2024, alguns sindicatos de professores me convidaram para falar sobre os temas de um dos meus livros, *Escola partida: ética e política na sala de aula*, publicado pela Editora Contexto, em 2020. O Sindicato dos Professores do Ensino Privado (Sinpro/RS), em Porto Alegre, uma associação forte e organizada que reúne professores de instituições *particulares* de ensino, me convidou para palestrar sobre o tema "liberdade de ensinar", e o contexto era as pressões de natureza ideológica que muitos professores sentem em sala de aula nos dias de hoje. Algum tempo depois, fui procurado pelo Sindicato dos Professores Municipais de Passo Fundo (CMP Sindicato), também no Rio Grande do Sul. Eles estavam interessados no mesmo tema, mas com motivações ligeiramente diferentes, uma vez que queriam incluir no debate a crescente subtração da autonomia administrativa e pedagógica na escola. As prefeituras estão comprando pacotes didático-pedagógicos, com os quais o professor é levado a adotar planejamentos, plataformas e apostilamentos cada vez mais minuciosos, que fazem dele um repassador de procedimentos; seu dia de trabalho inclui cada vez mais horas de preenchimento de aplicativos e plataformas de ensino, em uma nova modalidade de *franchising* escolar, no qual tudo vem pronto, incluindo as avaliações.

Mais recentemente, as escolas públicas começaram a ser rondadas por projetos de terceirização administrativa que, não raramente, invadem a dimensão pedagógica e trabalhista. O número de escolas cívico-militares aumenta a cada ano. Há uma crise na identidade escolar e na docência, da qual as autoridades educacionais se aproveitam para implementar políticas educacionais com baixa participação local. As escolas são objeto de projetos e ações, por vezes, fracamente conectadas com a realidade local. Como as notas das provas nacionais são usadas na época das campanhas eleitorais, as notas da cidade nos rankings nacionais de avaliação são aguardadas com ansiedade, e, portanto, as escolas são pressionadas.

As interferências administrativas e pedagógicas na escola não param por aí. Há uma crescente vigilância do currículo e das aulas pelas mais diversas organizações e entidades. Não é por acaso que os professores, os pais e os gestores se voltam para assuntos como a liberdade e o direito de ensinar, a centralização dos currículos e a pressão dos rankings de avaliação. Se nos sindicatos há queixas sobre a falta de autonomia, de voz e de vez na escola, na contramão disso há pais e gestores que reclamam do *excesso* de liberdade pedagógica. Como essas queixas devem ser escutadas, compreendidas?

A pedagogia brasileira é assediada por conservadores *e* progressistas. Além das queixas dos professores e dos sindicatos, há pressões sobre a escola, os professores e o currículo, que precisamos compreender melhor.

A ideia de uma opressão da escola pelos dois lados tradicionais do espectro político-ideológico pode parecer sem sentido. Os sindicatos, muitas vezes situados no campo progressista, tendem a denunciar as iniciativas de movimentos como o "Escola sem Partido" e as políticas de avaliação e currículo, como o IDEB e a Base Nacional Curricular. Em que consistiria a pressão sobre a escola a partir do campo progressista? Vou tratar desse tema no segundo capítulo.

No meio dessas questões complicadas, surgiu a questão dos usos e abusos do telefone celular. Na segunda metade de 2024, as pressões para a interdição de uso de celulares pelos estudantes se avolumaram. No dia 13 de janeiro de 2025, foi promulgada a Lei n. 15.100/2025. Ficamos diante de uma situação intrigante. Uma das bandeiras do movimento conhecido como Escola sem Partido é o direito de o estudante filmar o professor, para documentar o que lhe parece irregular. De uma hora para outra, formou-se o consenso para banir os celulares da sala de aula. Diante dos efeitos de brutalização psíquica atribuída ao uso viciante de dispositivos eletrônicos e da impotência dos pais e professores, sozinhos, para controlar isso, foi preciso esquecer a querela da vigilância dos professores mediante filmagem. Na hora do desespero, a escola foi lembrada.

Vivemos, como disse, algumas situações intrigantes, paradoxais. Há um consenso inafastável sobre a necessidade de melhoria na qualidade do ensino, e isso nos leva a um sistema de avaliações orientadoras e a um planejamento pedagógico ancorado em uma Base Nacional Comum Curricular (BNCC) e em testes padronizados. Essas situações trazem consigo perdas na autonomia docente. Quanto elas são aceitáveis? O aumento das expectativas populares sobre a escola traz junto o consenso sobre a necessidade de melhorias nela, e isso inclui avaliações e indicadores externos. É claro que temos o direito e a obrigação de nos perguntar se a BNCC é realmente básica, comum e nacional. É evidente que temos a obrigação de melhorá-la sempre e quando é necessário, seja para torná-la mais ampla ou mais detalhada. Mas não é possível voltar atrás e sonhar com o fim de *algum* sistema curricular nacional. A mesma conclusão vale para a política de avaliação das escolas por meio dos testes padronizados. Um sistema escolar que não é avaliado é uma contradição, em termos. Essas situações, esse quebra-cabeças de transformações e novas tecnologias, devem ser compatíveis com a preservação, como figura central, de *alguma* autonomia da escola, do professor e dos estudantes.

Uma escola do interior de um pequeno município do interior pode não ter telas de televisão conectadas em rede, mas faz uso de apostilas fornecidas por alguma *edtech*. A utilização de materiais instrucionais desse tipo começou no ensino privado, mas está acontecendo também nas redes municipais de ensino. Trata-se de um mercado milionário que somente cresce. A reação dos sindicatos de professores a isso é ambígua. A adoção de apostilas é vista por alguns como uma restrição brutal na autonomia didático-pedagógica. Os conteúdos e as metodologias estão ali prontos, juntamente às avaliações; a criatividade docente cabe apenas nos espaços em branco da apostila. Por outro lado, os professores são confrontados com o cumprimento dos itens do *alfanumérico*, a lista de conhecimentos, habilidades e competências previstas para cada disciplina na BNCC. O *alfanumérico* dá trabalho, e, diante das muitas horas dele, a apostila alivia essa função. Há professores que não se queixam delas. E, apesar de tudo isso, a escola se move. A discussão sobre internet, celulares, redes sociais e desenvolvimento adolescente pode ser uma oportunidade de aprofundamento de conversas sobre esses temas, nas quais podemos renovar a nossa compreensão sobre a interação entre professores e alunos, as finalidades últimas da escola, seu sentido como um espaço e um tempo de formação humana, bem como as relações internas entre as rotinas escolares e o espírito.

A escola foi banalizada, à esquerda e à direita. Ela corre o risco de fazer parte da degradação espiritual das vidas baseadas no celular, mas isso não é inevitável. A escola é uma tecnologia espiritual, isto é, ela é formadora do espírito. Isso nos obriga a pensar melhor sobre as coisas que esquecemos sobre ela.

NA RAIZ ESTÁ O ESPÍRITO

> "Isso nos traz para o momento presente e para as perguntas difíceis e mais específicas que surgem a propósito das crianças criadas num meio digital, e para nós próprios: irão os leitores desenvolver os processos de assimilação mais lenta, alimentados pelos meios de comunicação que utilizam material impresso, enquanto absorvem e adquirem capacidades cognitivas novas, realçadas pelas mídias digitais? Por exemplo, não poderia acontecer que a combinação da leitura em formatos digitais com a imersão diária numa variedade de experiências digitais – desde as mídias sociais até os jogos virtuais – impeça a formação dos processos cognitivos mais demorados, como o pensamento crítico, a reflexão pessoal, a imaginação e a empatia que fazem parte da leitura profunda?" (Marianne Wolf, 2019)

A vida baseada no celular pode contribuir para um processo de degradação espiritual, como sugere Jonathan Haidt, em *A geração ansiosa: como a infância hiperconectada está causando uma epidemia de transtornos mentais?*[1] Há muito tempo, se especula sobre o empobrecimento da vida do espírito,[2] mas é difícil chegar a um acordo sobre como isso pode ser evidenciado. Há duas situações que se prestam para essa avaliação: a primeira é o que pensamos sobre a escola e sua implementação; a outra são as transformações no processo de assimilação da cultura.

Abordarei essas duas situações neste livro, olhando para a escola como um espaço de espiritualidade. Esse modo de ver a escola não é novo e é compatível com as descrições que enfatizam os compromissos dela com o currículo escolar. A originalidade do meu exercício consiste em reunir lembranças sobre coisas que foram esquecidas. Essa forma de olhar é também uma defesa da escola.

É preciso, ainda, uma defesa da escola? As queixas sobre a qualidade da escola, sobre o trabalho dos professores, e, mais recentemente, sobre as políticas públicas de avaliação do rendimento escolar estão na ordem do dia. Os professores se queixam da falta de autonomia e de liberdade de ensinar, da pressão para o uso de plataformas e apostilas, da intervenção externa à escola, da falta de segurança que estimula a militarização do ensino, dos salários, e da escassez deles mesmos, e do apagão pedagógico. Quem quer ser professor? E há, ainda, as queixas sobre a perda da sala de aula, a degradação das virtudes da atenção e do respeito que vão até a violência pura e simples contra os professores. Não há como não se falar sobre algum desgaste espiritual na escola. O que significa, afinal, ser um professor? Somos animadores, gerentes de aprendizagem, organizadores de espaços *maker*? Está em curso uma combinação entre o engessamento da didática por meio de materiais de ensino produzidos em massa e o aligeiramento da formação docente, para se enfrentar o apagão profissional. Teremos, no máximo, bons instrutores? A tendência será o agravamento do Apartheid educacional brasileiro?[3]

Quero fazer uma reflexão sobre a escola a partir dessa convicção: *na raiz da escola está o espírito*. Este sempre esteve lá, mas nem sempre o percebemos. Meu objetivo é sugerir uma visão diferente da escola, a partir de dentro dela mesma. É possível ver a escola como um espaço de espiritualidade? De qual espiritualidade estaríamos falando? Qual seria a vantagem desse ponto de vista, e o que ele acrescentaria à compreensão da escola? De que modo uma abordagem como essa poderia se conectar com os problemas atuais da escola? Reconheço que isso pode parecer anacrônico. Afinal, temos desde escolas pobres e mal equipadas no interior do interior até escolas recheadas de tecnologias, em grandes redes e plataformas nacionais, bilíngues, trilíngues, voltadas para o alto desempenho, nas quais tudo parece ir muito bem.

AS PRIMEIRAS PESSOAS

Participei de muitos eventos de formação continuada de professores. Algumas vezes, enfrentei uma situação com a qual não estou acostumado, o burburinho incessante da plateia. Eu me considero um professor razoável e não costumo ter o problema da falta de atenção em sala de aula. Nessas palestras de formação docente, que reúnem centenas de professores, há sempre um murmurinho, uma conversa baixa e incessante. Eu não consigo perceber desrespeito nisso; apenas um certo descaso em relação ao palestrante e ao assunto. Depois de ver e passar por situações desse tipo, após de ver que outros palestrantes passavam por situações semelhantes, me ocorreu uma explicação.

Na *Odisseia*, de Homero, há um episódio muito famoso, no qual Ulisses tampa os ouvidos dos marinheiros com cera, para que não ouçam o canto das sereias que, com vozes sedutoras, atraem os navegantes para a destruição. E se o burburinho fosse a cera no ouvido dos professores? Estariam eles tampando os ouvidos como proteção contra o canto das teorias? Os cochichos e murmúrios na plateia, que constrangem os palestrantes e os organizadores, não seriam uma forma enviesada de cuidado? É como se eles mostrassem, com esse pequeno descuido de atenção, que as formações continuadas raramente têm algo a ver com o cotidiano do trabalho docente.

Foi pensando nisso que comecei a prestar atenção na diferença entre *estar na escola* e *ver a escola. Estar na escola* é uma ação em primeira pessoa; as únicas pessoas que podem entrar em uma escola são as crianças, os pais, as mães e responsáveis, as professoras e os professores, gestores, merendeiras, zeladores e zeladoras. Quem mais quiser entrar lá precisa de permissão. A presença das pessoas na escola cria uma situação muito especial: a criança transforma-se em estudante; a mãe vira mãe-de-aluno; o professor, o gestor, a merendeira, todos são o que são somente porque estão em uma escola. A identidade deles, por assim dizer, é constituída pela presença na escola. Neste livro, vou me referir a isso como posição ou presença *agentiva*. As ações deles são reguladas umas pelas outras; precisam estar sintonizadas umas com as outras e com a escola como um todo. Se alguém falta, o outro alguém sente a falta. Há um jogo de formação humana em andamento do qual nenhum dos atores pode se esquivar, desde o bom-dia do porteiro até o sorriso da merendeira.

É claro que as pessoas que se reúnem em uma escola são diferentes umas das outras em seus interesses e crenças particulares. Mas a presença delas na instituição de ensino implica uma convergência em torno das coisas comuns que nos levam até ela. Ali está em jogo o florescimento espiritual das crianças. A posição agentiva na escola cria uma dinâmica na qual deixamos em segundo plano alguns interesses e particularidades, e aceitamos ser *vinculados* e *vinculantes* diante dos demais membros da escola. Aqueles que estão na posição agentiva precisam entrar em acordos. Para as crianças, o acordo geralmente é tácito; para os professores e gestores, torna-se obrigatória uma convergência tática de entendimentos e ações, pois, diante deles, estão as imposições do dia a dia. Isso não quer dizer que as pessoas que estão na posição agentiva não usam e nem fazem teorias ou descuidam do futuro.

Ver a escola é uma ação em terceira pessoa, fazendo daquela um objeto teórico. A escola passa a ser um objeto de investigação. Vou chamar isso de pedagogia *teórica*, por contraste com pedagogia *agentiva*. Na posição agentiva, falamos *na* escola; na posição teórica, *da* escola. A pedagogia agentiva é realizada a quente, nas encruzilhadas do cotidiano escolar. A pedagogia teórica é elaborada com calma e tempo.

A POSIÇÃO TEÓRICA

Não há oposição entre as duas: agentiva e teórica. A formação docente inclui o estudo de teorias. Não há incompatibilidade entre estar na posição agentiva e conhecer teorias sociais, psicológicas, políticas, econômicas, culturais sobre a escola. É todo o contrário; quanto mais conhecemos a tradição teórica, melhor. Dito isso, há uma linha clara de separação entre a posição agentiva e a posição em terceira pessoa. Nesta, o teórico tem todo o tempo do mundo para elaborar suas visões. Isso não acontece com aquele que está na posição agentiva. As primeiras pessoas precisam tomar decisões no calor da hora, com as teorias e habilidades de que dispõem naquele minuto. É certo que uma escola prepara seu currículo e o ano didático e que os professores planejam com antecedência as aulas e atividades. Tudo isso é feito com tempo e com amparo de teorias e conhecimentos, mas essa é somente uma parte da posição agentiva. Dela, fazem parte crianças, mães, pais, responsáveis, que estão muito aquém ou além de qualquer teoria. A posição agentiva lida todos os dias com o novo, o imprevisível, o contingente. Nela, é preciso *também*, e muito, improvisar.

Eu não estou falando aqui da separação entre teoria e a prática, como dizer que as teorias educacionais de fulano são boas, mas não deram certo porque foram mal aplicadas. Isso vale para construção de pontes, por exemplo. Há conhecimentos sobre a resistência dos materiais que devem ser seguidos para o bom sucesso delas.

O agentivo e o teórico relacionam-se de forma diferente com o tempo. Para dizer em uma fórmula esquemática: o tempo não importa muito para a teoria, mas é essencial na posição agentiva.

A investigação teórica tem compromisso com a verdade e a objetividade de seus resultados. A descoberta da cura do câncer não é apenas uma questão de mais dinheiro para pesquisas; ela depende da descoberta de mais *verdades* sobre a doença. A descoberta de uma correlação entre o uso de *smartphones* e epidemias de ansiedade depende, entre outras coisas, de tempo de investigação. Teorizar e investigar sobre essas coisas tomam tempo, e, por vezes, a medida são centenas de anos – Galileu que o diga. Na posição agentiva, fazemos ou fazemos; o tempo é um constrangimento absoluto.

Uma variedade comum das pedagogias teóricas são as visões pedagógicas que se fazem acompanhar por exortações particulares, que procuram dar um passo adiante na tarefa formativa da escola. Vou chamá-las de *pedagogias exortativas*. Sem querer multiplicar nomes, é tentador acrescentar aqui: a *pedagogia das vozes* – de classe, etnias, gênero, por exemplo. São pedagogias com agendas bem definidas e não devem ser confundidas nem com teorias que procuram evidências para melhorar a alfabetização mediante estudos da cognição humana, nem com as teorias mais amplas, sobre o desenvolvimento humano, por exemplo.

Antes de ser um lugar de teorias e exortações, a escola é um lugar de formação. As teorias são importantes, desde que sejam manuseadas com os cuidados típicos da posição agentiva.

CONFLITOS EM PRIMEIRA E EM TERCEIRA PESSOA

A essas alturas, o leitor pode pensar que eu estou carregando nas tintas da separação entre o teórico e as ações dos membros da escola. Ainda não está clara a utilidade dessa distinção entre primeira e terceira pessoa. Não seria apenas um preciosismo de minha parte? Vou sustentar que o descuido com essa diferença está na raiz de alguns problemas que enfrentamos na escola.

Os integrantes da mesma escola, por vezes, têm dificuldades sérias para chegar a acordos sobre o que é melhor. Surge aqui a dúvida sobre como poderia haver um olhar melhor sobre a escola se, por vezes, a própria comunidade escolar tem graves conflitos internos? Para começar, há diferença entre os conflitos agentivos e os teóricos. As formas de avaliação das teorias e dos relacionamentos humanos são diferentes. E, no caso da escola, devemos acrescentar que o relacionamento humano é regulado não apenas pelos princípios básicos de civilidade, mas pela observação da natureza e das finalidades de uma escola. Esta é uma comunidade densa, na qual entramos e da qual saímos com custos. Pense na queixa das crianças quando trocam de escola, ou na pressão delas para sair, quando não se sentem bem. Já a medida da teoria é outra; há quem troque de teoria de tempos em tempos, como na moda.

Procure agora ter em mente as preocupações, expectativas e responsabilidades de cada um desses grupos: pais, crianças, professores e professoras. Para essas pessoas, a escola é uma instituição que se materializa em algum lugar da cidade, em algum momento, e na qual elas passam muito de suas vidas. A escola, para essas pessoas, não é nem prática, nem teórica; essas palavras não dizem nada para aqueles que estão lá em primeira pessoa; a escola é um lugar onde a vida delas acontece, por um largo tempo. Pense agora em fazer teoria sobre a escola, em fazer desta um objeto de estudo, uma *terceira pessoa*. É algo completamente diferente.

A diferença consiste em *estar na escola em primeira pessoa* e *fazer teoria sobre a escola,* ver a escola em terceira pessoa. É certo que o processo de formação dos professores e dos gestores possibilita que eles entrem em contato com as mais variadas teorias, sociais, econômicas, psicológicas e filosóficas. Eles não são dispensados de refletir, com a ajuda de teorias, sobre o que fazem, como fazem, por que fazem. Eles precisam conhecer muita teoria. Mas fazem isso em ação, levando em conta a presença dos demais integrantes da escola. As crianças e os pais não precisam teorizar. Seus interesses, afetos, valores, crenças e esperanças são parte da cena. Há uma heterogeneidade importante no chão da escola. Diante disso, os conflitos teóricos ocupam um lugar mais discreto.

Compreendemos melhor a escola por meio de teorias, mas precisamos prestar atenção na distinção entre o *agentivo* e o *teórico*. O professor de Matemática pode concordar com alguém que diga que o sistema educacional é uma perda de tempo e dinheiro,[4] mas uma coisa é aquilo que há nos livros sobre os desperdícios do sistema escolar; outra, é a curiosidade dos alunos de Matemática em entender melhor as operações de divisão com frações. As teorias são como os micróbios; elas devoram-se entre si. A escola é outra coisa.

O significado da escolaridade e da educação não se esgota em definições funcionais. Eu estou rejeitando as definições funcionais da educação para poder mostrar a face dela que fica velada pelas teorias dominantes. As definições funcionais da educação explicam o papel desta na reprodução social, o que faz muito sentido para aqueles que a consideram apenas nas suas relações com alguma forma de poder. Mas essa perspectiva é estreita e ambígua. O significado da educação não se esgota em uma visão funcionalista. A importância daquela não é contemplada nessa perspectiva.

A educação é formação de pessoas, uma "transação entre as gerações", como sugere Oakeshott.[5] A criança, na condição de recém-chegada à cena humana, recebe uma iniciação. No núcleo disso está – deve estar – o aprendizado da arte de ser uma pessoa, nem preta, nem branca, nem pobre, nem rica, e, sim, simplesmente, uma pessoa. Os conflitos e tensões que vivemos hoje, de nacionalidade, raça, classe, gênero, qualquer que seja a forma de opressão escolhida, somente existem diante do conceito de *pessoa*.

A criança não vive um processo de formação apenas mediante a familiaridade com os "conteúdos", mas através de uma socialização mais abrangente. As análises funcionalistas predominantes provocam um curto-circuito, entre o polo do olhar externo e funcional e a perspectiva de uma primeira pessoa a ser libertada da opressão. Para desfazer essa tensão, o teórico precisa recorrer a um terceiro termo no futuro distante, uma revolução, uma utopia, uma transformação radical das estruturas sociais. Neste livro, eu quero lembrar a perspectiva de *ação* dos participantes. Isso não significa que pretendo oferecer uma fenomenologia da educação, centrada na descrição das experiências escolares, mas, sim, um olhar a partir do mundo das ações no cotidiano escolar. Sem isso, nós perdemos alguns dos aspectos mais relevantes da escola; em especial, as relações dela com a espiritualidade humana.

É hora de entrar nesse assunto.

O QUE É ISSO, A ESPIRITUALIDADE?

Comecei este livro dizendo que a visão da escola como um espaço espiritual não é nova, que ela tem uma longa tradição. Mesmo assim, essa afirmação pode soar estranha. Como vamos entender aqui "espiritualidade" e "escola"? Quanto ao conceito de escola, estou pensando aqui nas instituições – sejam elas públicas, particulares, confessionais, comunitárias, municipais, fundamentais, básicas – que nossas crianças frequentam hoje, desde os 4 anos de idade até o final da adolescência. Meu propósito é ver as escolas de outra maneira.

Essas expressões "espírito" e "espiritualidade" têm muitos significados. Eu vou me orientar pelas convergências mais conhecidas. No que diz respeito ao tema principal deste livro, a questão dos celulares e a dimensão espiritual da escola, eu vou me ater à forma como o conceito de "espiritualidade" apareceu no livro *A geração ansiosa: como a infância hiperconectada está causando uma epidemia de transtornos mentais*, de Jonathan Haidt. Vou acrescentar algo que não há no livro, que é justamente a projeção desse conceito no cotidiano escolar. Haidt está convencido de que a vida centrada em celulares e redes sociais pode provocar uma degradação espiritual nos seus usuários. O que ele entende por "espiritual"? Uma vida espiritual, diz ele, é aquela capaz de perceber "pessoas, lugares, ações e objetos como sagrados, puros e capazes de elevar".[6] O espiritual seria uma forma de *elevação* ou distanciamento de comportamentos egoístas, mesquinhos, degradantes. Fazemos isso de muitas formas, segundo ele.

De que modo elas podem enriquecer nossa compreensão do cotidiano escolar? Antes de entrar nesse tema, tenho que seguir um pouco mais sobre a espiritualidade, pois a abordagem de Haidt não é suficiente para mostrar os aspectos de espiritualidade que existem na escola.

"Espírito" pode ser usado como um substantivo. Nesse caso, queremos indicar algo imaterial, um ser especial, algum princípio ou força. Por vezes, a palavra é usada como sinônimo de "mente" e "alma", em oposição a "matéria" ou "corpo". Os usos substantivos de "espírito" são variados e dão origem a discussões e perguntas intermináveis sobre se o espírito pode existir sem a matéria, se a alma ou a mente podem existir sem o corpo, como essas entidades se unem e se separam, qual a origem delas.

ESPÍRITO, MATÉRIA E A "COISA-EU"

Um dos problemas mais difíceis aqui é analisar se as coisas espirituais têm sua origem em coisas materiais. Fernando Pessoa refletiu sobre esse problema no seu *Livro do desassossego*:

> Não comungo, não comunguei nunca, não poderei, suponho, alguma vez comungar aquele conceito bastardo pelo qual somos, como almas, consequências de uma coisa material chamada cérebro, que existe por condição, dentro de outra coisa material chamado crânio. Não posso

ser materialista, que é o que, creio, se chama àquele conceito, porque não posso estabelecer uma relação nítida – uma relação visual, direi – entre uma massa visível de matéria cinzenta, ou de outra cor qualquer, e esta coisa eu que por trás do meu olhar vê os céus e os pensa, e imagina céus que não existem.[7]

De um lado, ele põe as "almas"; de outro, "a matéria cinzenta". Note bem que no final do parágrafo, em vez de falar em alma, ele fala em "coisa-eu" e conclui que aquele que vê, pensa e imagina não é o cérebro, e, sim, a "coisa-eu". A alma é uma "coisa-eu", nós somos "coisas-eu" e não somos *consequências* de coisas materiais. O cérebro, que é matéria, não é a causa da coisa-eu. Pode haver uma relação entre a coisa-eu e a coisa-cérebro, ele concede, mas, qualquer que seja essa relação, ela não o autoriza a ser um "materialista", diz ele.

Esse parágrafo de Fernando Pessoa é um bom exemplo do problema das relações entre esses pares de conceitos e sugere mais perguntas. Que tipo de olhar é esse que "imagina céus que não existem"? É possível dizer que o pensamento e a imaginação da "coisa-eu" são espirituais? Não há, entre os neurocientistas, linguistas, psicólogos, filósofos uma solução consensual para essas perguntas. "Espírito" por vezes é usado como um adjetivo, como em "comunidade espiritual", "paz de espírito". Nesses casos, a "espiritualidade" é uma qualidade que podemos predicar de certas coisas. A dificuldade que me interessa compreender aqui não é sobre a forma como algo imaterial, a alma, se comunica com algo material, o corpo, ou como o espiritual emerge do material, mas, sim, as características da espiritualidade. Precisaremos delas para pensar sobre a escola. É nessa direção que temos que ir se quisermos ver os aspectos de espiritualidade que existem na escola.

ESPIRITUALIDADE, RELIGIOSIDADE E SACRALIDADE

Qual é a relação entre espiritualidade e religiosidade? Parece evidente que aquilo que é religioso é espiritual. A minha pergunta aqui é se existem dimensões espirituais que não sejam religiosas. Eu me inclino pela resposta positiva a essa questão. Nem toda forma de espiritualidade é de natureza religiosa. A religiosidade é uma das formas da espiritualidade e o círculo daquela está dentro do círculo da espiritualidade. Sem essa visão, não conseguimos ver que a escola tem uma dimensão espiritual.

Esse ponto de partida me obriga a esclarecer o que entendo por "espiritualidade". As religiões são teístas, deístas, animistas ou não fazem menção a Deus ou deuses. Os teístas acreditam em um Deus ou em deuses que de algum modo estão envolvidos com o mundo e os homens. Já os deístas pensam em um Deus que criou as coisas, mas depois se retirou e não interfere em mais nada. Os animistas veem Deus (ou deuses) em coisas, lugares, criaturas. Por certo que essa divisão contempla, superficialmente, a diversidade entre as milhares de tradições religiosas que existiram e existem, mas ela é razoável para meus propósitos. Entre o hinduísmo, que remonta a milhares de anos antes de Cristo, e a igreja criada na semana passada em nosso bairro, há muita variedade e riqueza. O que há de comum nas religiões? Quais são os aspectos comuns aos teístas, deístas, animistas?

O que estou entendendo por "religião", "religiosidade"? Vou assumir aqui a definição oferecida por Durkheim em seu clássico *As formas elementares da vida religiosa*. Segundo ele, "uma religião é um sistema solidário de crenças e de práticas relativas a coisas sagradas, isto é, separadas, proibidas, crenças e práticas que reúnem numa mesma comunidade moral, chamada igreja, todos aqueles que a elas aderem".[8]

Vou destacar três aspectos nessa definição:

1. O conceito de espiritualidade está implícito na religião. Durkheim diz que a religião implica ter um tipo especial de crenças, nas "coisas sagradas". Ora, fica suposto que a existência de qualquer forma de religiosidade depende da existência de seres capazes de ter crenças sobre muitas coisas. Por exemplo, sobre quais são as coisas do mundo que nos alimentam e quais as que nos envenenam, sobre o que pode nos proteger dos perigos, sobre onde estão as fontes de água e como manter o fogo aceso. Como diz Durkheim na introdução, os seres humanos possuem

noções sobre tempo, espaço, gênero, causas; possuem também "pontos de referência fixos e determinados", elaboram mapas e calendários, atribuem valores afetivos, enfim, numa palavra, são criaturas que usam símbolos. Não há religiosidade sem símbolos. Estes são criações humanas que ampliam a nossa capacidade de relação com o ambiente. É apenas com o uso de símbolos que as "coisas-eu" do Fernando Pessoa podem ver coisas que não existem. Baseado nesse aspecto da definição de Durkheim, vou sugerir um conceito amplo de "espiritualidade", que consiste nessa capacidade peculiar de ver e criar coisas que não existem no espaço da percepção. Adquirimos essa capacidade na medida em que fazemos parte de uma comunidade linguística. A capacidade de pensamento simbólico é uma condição para a espiritualidade. Vou sugerir que podemos pensar a emergência da vida simbólica como um marco da espiritualidade. Ela implica ações criativas e coordenadas socialmente na invenção e manutenção grupal de regras, na existência de "coisas-eu". O espiritual faz parte do mundo das "coisas-eu" ou, mais precisamente, o espiritual surge no âmbito das "coisas-nós".

2. O segundo aspecto que quero destacar na definição de Durkheim é o que ele chama de sagrado. O contraponto deste é o profano. O sagrado, diz ele, é separado da vida cotidiana e, para garantir essa segregação, criamos regras de uso restritivas. O sagrado inclui momentos no tempo, lugares no espaço, objetos e, principalmente, práticas. Não há religião sem práticas. A dimensão do sagrado é um aspecto constitutivo das religiões. A minha pergunta é se podemos identificar algum tipo de separação entre o sagrado e o profano no fluxo da vida cotidiana? Os ateus, os agnósticos, aqueles que se perderam das religiões ficam desprovidos de coisas sagradas em sua vida? Há sacralidade fora das religiões? Vou sustentar que sim.

3. O terceiro aspecto da definição é a ideia de religiosidade como uma comunidade de vínculos morais. Durkheim fala em "Igre-

ja", mas devemos entender essa expressão de modo amplo, como indicadora de comunidades de crenças e práticas em torno do sagrado. São comunidades morais. Aqui surge mais um problema bem conhecido. A fundamentação da moral depende da religião? Se Deus não existe, tudo fica moralmente permitido? Hoje já não é mais possível sustentar que uma vida moralmente digna precisa estar baseada em uma crença religiosa. A pessoa que perde sua crença religiosa não afunda em uma vida desregrada por isso. Muitas religiões não cultuam um deus. Os ateus e os agnósticos não perdem a capacidade de levar uma vida moralmente correta. Vivemos em cidades nas quais compramos frutas de um católico, vemos roupas na loja de um muçulmano, lanchamos em um barzinho de ateus, e temos uma boa relação moral com todos eles. Quem perde a esperança pode seguir procurando-a. Como sugeriu Anthony Kenny, ser um agnóstico não implica não poder mais rezar. Não é irracional rezar para um Deus de cuja existência duvidamos, da mesma forma que não é absurdo gritar por socorro em uma emergência sem saber se há alguém ao alcance da nossa voz.[9]

Vou sustentar que o conceito da Igreja como uma comunidade de vínculos morais está ligado a uma concepção mais ampla de *comunidade moral*. Esses aspectos são importantes para a apresentação da escola como um espaço de espiritualidade. O que eu acrescento agora é que ela é um lugar de vínculos morais especiais, no qual há lugar para *certa sacralidade*.

Eu sou obrigado a falar em *certa sacralidade* pois não é possível sustentar que o espaço e o tempo das práticas escolares estão no *mesmo* nível das religiões. O sagrado religioso é, como dizem os estudiosos, uma *hierofania*, uma manifestação, algo de diferente que se revela aos homens e que se afasta dos parâmetros do mundo comum, seja por não pertencer ao nosso mundo, seja por ser, em algum sentido, muito distante dele. A escola não tem *essa* sacralidade. Mas aquilo que ela tem de sacralidade – modesta, pequena – segue a mesma lógica.

A ERA AXIAL

O conceito de espiritualidade que apresentei foi centrado na capacidade humana de simbolização, de "ver céus que não existem". Isso é ainda muito vago e não dá conta do conceito do qual precisamos para ver a escola como um lugar e um tempo de *alguma* sacralidade. Para ir um pouco mais adiante nesse ponto, vou me socorrer, em primeiro lugar, de Max Scheler: a palavra "espírito", ele sugere, é preciosa porque abrange não apenas as capacidades racionais, mas também as nossas capacidades sensíveis e afetivas. Quem fala em espírito humano, por exemplo, indica não apenas o âmbito de pensamentos, ideias, mas também de afetos, emoções, vontades. A característica central dos seres espirituais é o desprendimento deles em relação ao nível orgânico da vida. E isso significa o surgimento do conceito de *pessoa*.[10] A pessoa é o ser espiritual por excelência. E isso quer dizer que ser uma pessoa é estar além do nível orgânico. O que chamamos de *liberdade*, de *responsabilidade* e de *imputabilidade* são atributos de *pessoas*, pois organismos e corpos não *fazem* nada. O que significa estar além do nível orgânico? Como podemos traduzir em miúdos a liberdade, a responsabilidade, a imputabilidade? Não estou dizendo nada que o leitor não saiba: são as criaturas dotadas da "coisa-eu", vale dizer, dotadas de autoconsciência, que podem ser livres, responsáveis e imputáveis. Em resumo, o conceito de espírito é valioso porque, com sua porosidade, permite indicar um conjunto de propriedades fundamentais, que culminam nas capacidades de autoconsciência e reflexão.

A espiritualidade pode ser vista como uma transformação na existência humana, da vida orgânica e fechada em si mesma, para a vida reflexiva e autoconsciente. Esse processo de transformação, por vezes, é apresentado como a passagem do tempo das mitologias para a época do pensamento racional. Essa maneira de ver é um lugar-comum que deve ser deixado de lado, pois não faz justiça nem às mitologias nem às racionalidades. A configuração da espiritualidade é um processo lento, complexo e conflituoso, mas há um momento na história na qual aquela se torna mais visível. Karl Jaspers chamou esse momento de *período axial,* uma espécie de eixo em torno do qual a história se acelera. Ele foi pioneiro em mostrar que entre os anos 800 a.C. e 200 a.C. ocorreu uma revolução civilizatória, marcada pelos seguintes acontecimentos:

1. na China vivem Confúcio e Lao-Tsé, e nascem todas as correntes de filosofia chinesa;
2. na Índia surgem, durante a vida de Buda, os *Upanixades*, e se desenvolve uma variedade de tendências filosóficas;
3. na Pérsia surge Zoroastro, com uma concepção da vida como a luta entre o bem e o mal;
4. na Palestina há os profetas, como Elias, Isaías e Jeremias;
5. na Grécia surgem Homero, os filósofos, os autores de tragédias, Tucídides e Arquimedes.[11]

Esse período marca o começo de tradições religiosas com um novo estilo. As doutrinas religiosas que Confúcio, Lao-Tsé, Buda, Zoroastro e os profetas defendiam tornaram-se também éticas. Em todas elas, temos alguma versão da regra de ouro ("agir como gostaria que os outros agissem"), a busca de virtudes como bondade, justiça, compaixão. Quanto ao mundo dos deuses, a era axial promoveu uma liquidação completa. Ou há apenas *um*, como na tradição de Zoroastro e os profetas, ou *nenhum*, como na tradição do budismo, do confucionismo e de Lao-Tsé. Acima de todas essas características, está aquela que indiquei antes: o fiel ou o discípulo é tratado como *pessoa* autoconsciente e responsável por si mesmo, imputável por palavras e obras.

Junto a essa situação formidável, temos o surgimento da escrita alfabética na Grécia. As "religiões do livro", o judaísmo com a *Torá*, o cristianismo, com a *Bíblia* e o islamismo, com o *Alcorão*, são monoteístas e têm as suas raízes cravadas no período axial. A escrita desempenha um papel crucial em todas elas. A religiosidade que elas promovem está ligada ao fenômeno mais amplo da espiritualização. Pode-se dizer que elas o ampliam, por meio daquilo que depois foi chamado de experiências de autoformação e autotranscendência. O que hoje entendemos por "espiritualidade" resulta da longa história da abertura humana para possibilidades e novidades até então veladas por um tipo de existência que, por assim dizer, dobrava-se sobre si mesma. Fernando Pessoa resumiu isso dizendo que os seres espirituais são aqueles nos quais "se deu aquele segundo desdobramento da consciência pelo qual sabemos que sabemos" (2013: 423). Ele falava do surgimento da autoconsciência e da pessoa.

EM RESUMO

O debate atual sobre o sofrimento psicossocial de crianças e adolescentes que fazem uso constante de celulares e redes sociais pede uma reflexão sobre a escola para que recupere a dimensão espiritual dela. Essa visão da escola não é nova, mas, por vezes, é negligenciada.

Comecei fazendo uma distinção entre o que chamei de posição *agentiva* (*estar na escola*, em primeira pessoa) e de posição *teórica* (*ver a escola*, em terceira pessoa). A posição agentiva é aquela dos participantes diretos da vida escolar – estudantes, professores, pais, gestores, funcionários – que vivenciam, direta e diariamente, a escola. A posição teórica é aquela de quem observa a escola como um objeto de estudo.

Não há incompatibilidade entre essas posições, mas elas diferem, fundamentalmente, em sua relação com o tempo: quem está na posição teórica tem todo o tempo necessário para elaborar suas ideias, enquanto a posição agentiva precisa tomar decisões no calor da hora, com os recursos disponíveis no momento. O descuido com dessa diferença contribui para se pensar mal sobre a escola.

Fiz uma abordagem inicial do conceito de espiritualidade, sugerindo que ela é mais ampla que a religiosidade. Ela compreende a capacidade humana de pensamento simbólico, de "ver coisas que não existem". Baseando-me em Durkheim, destaquei três aspectos: a capacidade simbólica; a existência do sagrado (mesmo fora das religiões formais); e a formação de comunidades morais.

Argumentei, posteriormente, que o espírito abrange tanto capacidades racionais quanto sensíveis e afetivas, culminando no conceito de pessoa. Recorri também à noção de "era axial", de Karl Jaspers, para mostrar o momento histórico (800-200 a.C.) em que a espiritualidade humana se consolidou através de transformações religiosas e éticas em diversas culturas, ao mesmo tempo.

Nesse primeiro momento, eu procurei estabelecer as bases para compreender a escola como um espaço de espiritualidade, não no sentido religioso estrito, mas como ambiente de *formação de pessoas*, com vínculos morais especiais e uma sacralidade que será mais bem explicitada adiante no capítulo "A espiritualidade na escola".

Notas

[1] Haidt, 2024.

[2] A literatura sobre o empobrecimento da vida espiritual é imensa, especialmente a partir do começo do século XX, com a publicação de *A decadência do Ocidente*, de Oswald Spengler. Esse livro não entra nesse debate. Uma exposição esclarecedora e ponderada sobre o tema é a de Paul Valéry, "A liberdade do espírito", de 1937. Veja Valéry, 1962.

[3] Neste livro, eu falo principalmente em "escola", e indico instituições públicas municipais, estaduais, federais, escolas particulares, privadas, confessionais ou leigas. O leitor pode questionar se é correto ignorar as diferenças entre as escolas públicas, que são a imensa maioria, e as escolas do sistema privado. As diferenças são grandes, mas a erosão da imagem da escola que aconteceu entre os anos 1960 e 1970 atingiu com intensidade diferente as instituições públicas e privadas. A perda da autoridade docente e o extravio da atenção dos alunos, no entanto, foi generalizada.

[4] Como se vê em Caplan, 2018.

[5] Oakeshott, 2003, p. 59.

[6] Haidt, op. cit., p. 232. O tema surge no capítulo "Elevação espiritual e degradação".

[7] Pessoa, 2013, p. 459.

[8] Durkheim, 1996, p. 32.

[9] Kenny, 2006, p. 64.

[10] Ver Scheler, 2003, pp. 35 ss.

[11] Jaspers, 2010, p. 2. Para um aprofundamento do tema da era axial, recomendo o livro de Jurgen Habermas, 2023.

EQUÍVOCOS SOBRE A ESCOLA

> "Pois uma escolha de pedagogia inevitavelmente comunica uma concepção do processo de aprendizagem e do aluno. A pedagogia nunca é inocente. É um meio que carrega sua própria mensagem."
> (Jerome Bruner, 1996)

Temos agora um conceito de espiritualidade com o qual podemos compreender melhor o ponto de vista de Haidt. Ele afirmou que a vida centrada nos *smartphones* e redes sociais está produzindo degradação espiritual em todos nós. O que é uma vida espiritual?

A resposta que ele deu foi que uma vida espiritual é aquela capaz de momentos de elevação. A espiritualidade possibilita a superação de comportamentos excessivamente centrados na própria pessoa. Essa caracterização não é suficiente para a abordagem da dimensão espiritual da escola e por isso nos ocupamos um pouco mais com as noções de espiritualidade e religiosidade. No meio do caminho, surgiu a noção de sacralidade e, com ela, vieram perguntas decisivas para meus propósitos: existem formas de sacralidade fora do âmbito religioso? As pessoas que não acreditam em Deus, os ateus e os agnósticos, podem experimentar o sagrado? Se a experiência do sagrado é um privilégio da pessoa religiosa, isso não seria possível. Em que poderia consistir uma forma de sacralidade atribuível à escola?

Antes de ir em frente, quero enfrentar uma objeção que pode surgir nesse momento. *Para que tudo isso?* Eu não estaria exagerando nas tintas? É necessário, para uma defesa da escola, fazer esses rodeios, usar conceitos como "sacralidade", dar voltas pela "espiritualidade"? Os problemas que mencionei no começo são graves, mas seriam para tanto? As queixas dos professores sobre falta de autonomia e liberdade de ensino, a invasão das escolas por plataformas de ensino, a insegurança e a militarização das escolas, o apagão pedagógico, o desafio de melhorar a qualidade do ensino, a degradação da atenção dos estudantes, tudo isso é muito grave, mas será preciso ir tão longe? Há um consenso hoje sobre o fato de que estamos universalizando o acesso à escola e o nosso problema agora consiste em melhorar sua qualidade. Isso não parece ser tão difícil assim com boas políticas públicas. Não basta apenas um pouco mais de boa vontade política? Eu penso que não. Esse consenso diz algo importante, mas o tratamento superficial de nossa história pedagógica recente deixou escapar situações que são relevantes para a compreensão de nosso extravio pedagógico.

A COLONIZAÇÃO DA PEDAGOGIA

Vou começar lembrando eventos que podem ser relacionados a um giro que aconteceu na cultura pedagógica brasileira nos anos 1970. Quase todos eles envolvem alguma comoção pelo canto de sereia da crítica à escola. Trata-se do momento em que predominam no Brasil os estudos críticos sobre algo que ainda não havia por aqui: a escola para todos. Essa dominância implicou o abandono dos estudos curriculares e didáticos em favor de estudos críticos gerais. Listo alguns dos eventos marcantes nessa história:

- *1970: o rebaixamento da escola à condição de "aparelho ideológico de Estado".* A revista francesa *La Pensée*, em junho de 1970, publicou um texto de Louis Althusser, intitulado "Ideologia e aparelhos ideológicos de Estado", no qual ele sustentava que a escola era o principal aparelho ideológico do Estado, e sua função era assegurar a sujeição à ideologia dominante. O fragmento virou um livro que se transformou em um best-seller na pedagogia da época;

- *1970: a qualificação da escola como agência de violência simbólica.* No mesmo ano, Pierre Bourdieu e Jean-Claude Passeron publicaram *A reprodução: elementos para uma teoria do sistema de ensino.* O livro expõe as formas pelas quais a escola é um espaço de exercícios de violência simbólica, a saber, de imposição de uma cultura arbitrária;

- *1970: a escola é apresentada como uma instituição autoritária.* Paulo Freire, leitor de Althusser, falou pouco sobre a escola na *Pedagogia do oprimido.* Ele fez isso para dizer que a escola era um lugar de narração de conteúdos petrificados, uma agência autoritária e formadora de dominadores, que despejava conteúdos na mente das pessoas; o professor deveria dar lugar ao "coordenador de debates" e a escola, ser um "círculo de cultura";

- *1971: o surgimento da Nova Sociologia da Educação (NSE) e do conhecimento.* A partir desse ano, cristalizou-se um movimento acadêmico importante, ligado à publicação, na Inglaterra, do livro *Conhecimento e controle: novas direções para a sociologia da educação.* O movimento ficou conhecido como Nova Sociologia da Educação (NSE). O objetivo era indicar novos rumos para a investigação sociológica na educação, e isso consistia em dizer que ela devia ser concebida como uma sociologia do conhecimento. Como escreveu Michael Young no prefácio do livro, "a sociologia da educação não é mais concebida como uma área de investigação separada da sociologia do conhecimento";[1]

- *1971: a morte da escola.* Everett Reimer, educador e teórico social, conhecido por sua colaboração com Ivan Illich, publicou em 1971 o livro *A escola está morta: alternativas em educação.* Ali, ele desenvolve uma crítica radical às instituições educacionais formais, argumentando que elas, frequentemente, funcionam mais como instrumentos de controle social e reprodução de desigualdades do que como verdadeiros espaços de aprendizagem;

- *1971: a desescolarização da sociedade.* Em 1971 Ivan Illich, seguindo a linha de trabalho de Reimer, publicou o livro *Sociedade sem escolas*. Segundo ele, as escolas eram ineficazes, limitadoras, passaríamos melhor sem elas. Ele propôs a desescolarização da sociedade, em favor de formas alternativas e personalizadas de aprendizado;

- *1973: a instauração de processos contra a escola.* O livro organizado por Peter Buckman, *Educação sem escolas*, reuniu um conjunto de escritos sobre desescolarização. O objetivo do livro não era "meramente instaurar um processo contra as escolas, o que já tem sido frequentemente feito", e, sim, mostrar os meios pelos quais "a educação sem escolas poderia funcionar". Um dos capítulos advoga a tese da completa abolição do currículo e dos exames. "A escola pode ir pelos ares, ser demolida, fechada ou, pelo menos, tornar-se voluntária";[2]

- *O professor desaparece.* Ao longo dos anos 1970, os sindicatos de professores se fortaleceram, acompanhando o que aconteceu com outras categorias. Alguns desses sindicatos flertaram com a ideia de que a escola poderia ser colocada à serviço das classes populares. Surgiu um novo vocabulário, no qual o professor começa a referir-se a si mesmos como "trabalhador da educação". Essa noção representava uma ampliação da identidade profissional, englobando todos os funcionários envolvidos no processo educacional (técnicos administrativos, serventes, merendeiras etc.). As greves docentes do final dos anos 1970, especialmente em estados como São Paulo e Minas Gerais, foram marcos importantes nesse processo. Em 1979 foi criada a Confederação dos Professores do Brasil (CPB), que, em 1990, se transformou na Confederação Nacional dos Trabalhadores em Educação (CNTE). A adoção desse vocabulário refletia uma identificação maior com o movimento operário e suas lutas e buscava romper com a visão vocacional ou missionária do trabalho docente, enfatizando a condição de assalariados no sistema capitalista.

IDEIAS FORA DO LUGAR

A invasão da pedagogia pelos estudos sociológicos de tipo funcionalista, em terceira pessoa, é um evento enigmático em nossa história educacional recente. Havia no Brasil, até 1971, uma barreira entre as quatro primeiras séries escolares, o "curso primário", e o "curso ginasial". Era o exame de admissão, uma peneira infame. Arredondando os números, de cada 100 crianças que entravam no primeiro ano do curso primário, 10 concluíam o ensino médio. A gente ia ficando pelo caminho. Era preciso *expandir* o sistema, *democratizar* o acesso, *universalizar* a educação fundamental. Seriam necessários 20 anos para que essas palavras se aproximassem da realização, no final da década de 1990. Pois é exatamente nesse período que as novas ideias sobre a escola consumiram a imaginação da pedagogia em terceira pessoa.[3]

Um "estudo crítico" sobre escolaridade, publicado no Brasil em 1980, concluiu que a situação era tão grave que seria necessário "reestruturar o modo de produção" (industrial) para que surgisse uma "outra educação que não seja mais o monopólio da instituição escolar". O texto foi apresentado por Paulo Freire. Na bibliografia, toda ela francesa, estava a "sociedade sem escolas", de Ivan Illich.[4] No núcleo das alternativas, estava o rebaixamento do lugar do professor, para o surgimento de uma pedagogia alternativa, não "domesticadora", que valorizaria as pesquisas e a experiência do aluno.

As ideias da pedagogia contra a domesticação estavam deslocadas, pois, simplesmente, faltavam escolas e vagas, o ensino particular era pouco e caro, o ensino técnico e profissionalizante era mais raro ainda. Faltava gente para ser "domesticada". O livro *Cuidado, escola!: desigualdade, domesticação e algumas saídas* era uma reflexão sobre dramas da classe média europeia com suas escolas, mas fez muito sucesso no Brasil, com mais de 25 edições.

Essas ideias fora do lugar[5] foram intensificadas pelas principais teses da NSE. O interesse central era estudar o controle e a organização do conhecimento, que passou a ser tratado como um "conjunto de significados disponíveis", transmitidos nas escolas por meio do currículo. Houve uma ênfase no desvelamento dos mecanismos sociais que influenciam as decisões sobre "aquilo que conta como conhecimento". A sociologia tradicional foi acusada de negligenciar o tema da seleção, organização e avaliação do conhecimento nas instituições educacionais. Era preciso reverter esse quadro, e, para isso, os novos sociólogos enraizavam os conhecimentos e a vida intelectual na vida social. Os "conhecimentos" passaram a ser apenas "construções sociais".

Desde então, os horizontes da sociologia da educação privilegiam os estudos sobre currículo e poder. A dimensão social da educação foi reduzida ao tema do controle social do conhecimento. Como já apontei anteriormente, a pesquisa didático-pedagógica, no exato momento em que era mais do que necessária, dada a expansão do sistema educacional, foi desprestigiada e substituída pelos estudos sociológicos e políticos. A formação dos professores ficou enviesada.

A atmosfera de rebaixamento da escola atravessou os anos 1970 e seguiu adiante.[6] A voz desses profetas dos anos 1970 ecoa até hoje, aqui e ali: educação deve transformar a realidade; educação é libertação; educação é emancipação; educação é comunicação; o professor-emissor é um arcaísmo; a educação agora é autoeducação; o importante é ensinar o aluno a aprender a aprender; educar-se é informar-se; a escola é um recinto de confinamento humano; todos educam a todos; o professor não ensina, ajuda o aluno a aprender; ensinar é apenas desafiar; o professor é um animador; o currículo é um instrumento da gerontocracia; a escola é um parêntese diário e mortificante na vida do aluno; é preciso abolir a escola e o currículo.[7]

Essas vozes são intrigantes. Na fotografia da escola feita pela NSE dos anos 1970, ela não estava tão mal como veio a ficar depois. Pierre Bourdieu, por exemplo, navegou bem por entre as críticas tradicionais e novas feitas à escola. As críticas tradicionais à escola são bem conhecidas e anteriores ao período que indiquei. Elas começam pela caricatura da sala de aula, com os estudantes em fileiras e o professor na frente, com algum quadro para escrever e passam até a debochar da preocupação dos professores com o respeito e a atenção na sala de aula. Tudo isso é velho e autoritário, dizem os críticos e os profetas culturais; deve ser varrido das escolas.

Bourdieu não caiu no conto dos críticos tradicionais. Ele descreveu, realisticamente, a função social da escola: *levando em conta que vivemos em um ambiente composto por mensagens que se conflitam, ela deve perpetuar e transmitir o capital de sinais culturais consagrados de uma forma consciente e proativa*. A escola é o lugar onde uma comunidade moral oferece para si mesma a base de que precisa para discordar uns dos outros:

> O que os indivíduos devem à escola é, acima de tudo, um fundo de lugares-comuns, não apenas uma linguagem e estilo comuns, mas também pontos de encontro comuns e bases para concordância, problemas comuns e métodos comuns para enfrentá-los. Os homens cultos de uma determinada época podem ter opiniões diferentes sobre os assuntos sobre os quais discutem, mas concordam, pelo menos, em discutir sobre certos assuntos.[8]

Bourdieu ofereceu uma visão da sociedade como um espaço de ortodoxia e heresia, de consagrações e desafios, de conformismo e rebeldia. As coisas são assim mesmo. O sistema educacional é uma instituição voltada à conservação daquilo que é básico para que tenhamos a possibilidade de nos conservar como comunidade. Assim, há traços característicos do ensino e do professor que são intrínsecos à escola. A maioria das rotinas da escola e dos professores "pertence adequadamente à própria função da educação".[9]

A NSE, como se vê, teve um bom olho para a escola. Essa visão desapareceu e a escola foi levada para o banco dos réus. O movimento que começou como um questionamento sério sobre as condições de elaboração dos currículos escolares e a relação com o poder transformou-se, aos poucos, em uma obsessão teórica estreita, no canto de sereia que leva a pedagogia para o mundo da teoria pouco comprometida com o dia seguinte.[10]

REAÇÕES AOS EQUÍVOCOS SOBRE A ESCOLA

Expus uma situação paradoxal: *a expansão da escola pública brasileira coincide com seu abandono.* Explico melhor agora.

O movimento de expansão do sistema escolar fundamental teve episódios importantes com Leonel Brizola, Miguel Arraes e Carlos Lacerda. O governador do Rio Grande do Sul, em 1961, decidiu construir 2 mil escolas. Eram prédios simples, com duas salas de aula e uma pequena secretaria, pouco mais de 100 m² cada. Em quatro anos, foram construídos mais de mil prédios escolares, as *brizoletas*. Algumas destas foram subutilizadas. Uma das razões foi a falta de professores idôneos; havia poucos e mal qualificados. Para que as escolas funcionassem, foi autorizada a contratação de "professores leigos", sem formação específica alguma.[11]

Miguel Arraes, em Pernambuco, e Carlos Lacerda, no Rio de Janeiro, seguiram por um caminho parecido. Eles abriram escolas em prédios precários, pois o que importava era expandir o sistema e fazer inclusão escolar. Quando Miguel Arraes assumiu a prefeitura de Recife, em 1960, reconheceu que havia milhares de crianças sem escola e que a prefeitura não tinha infraestrutura administrativa, orçamento e professores. Ele aceitava, então, qualquer ajuda bem-intencionada. Carlos Lacerda afirmava que ia inaugurar uma escola por semana. Ele fez, aproximadamente, 500. A velocidade da expansão do ensino era freada pela falta de profissionais qualificados.

Nas três situações, de Brizola, Arraes e Lacerda, o poder público era obrigado a contratar professores leigos. Era preciso ampliar e melhorar o processo de formação de professores, e os olhares voltaram-se para as universidades. Esperava-se que elas criassem alternativas para a formação de mais e melhores professores, adequados ao grande sistema que estava surgindo, e que os profissionais da educação desenhassem os currículos e as metodologias de ensino adequadas para a escola pública que se expandia. Isso não aconteceu. A atenção deles, nos anos 1970, estava direcionada a outros temas.

As universidades voltaram-se para *dentro delas mesmas*. Havia uma razão para isso: elas passavam por transformações importantes nos anos

1970, na ampliação dos contratos de trabalho e na criação de um sistema de pós-graduação e pesquisa. Os contratos de trabalho em tempo integral e dedicação exclusiva, que eram poucos e reservados para as carreiras duras, passaram a ser implementados em todos os setores da universidade. Foram criados os primeiros cursos de pós-graduação, deixando para trás o professor horista, que corria de faculdade em faculdade. A contrapartida do tempo de trabalho integral e exclusivo era a dedicação à pesquisa. Entrou na ordem do dia a formação pós-graduada e a exigência de publicações.

No caso da formação de professores, surgiu uma situação especial. A formação era fatiada em duas partes: os *conteúdos* e os *métodos*. O estudante aprendia os *conteúdos* de Biologia, por exemplo, no departamento de Biologia. O aprendizado dos métodos de ensino acontecia sob a responsabilidade de um departamento de metodologia de ensino, situado em uma unidade de estudos de educação: fundamentos de educação, legislação, metodologias. Consolidou-se, assim, uma separação entre o conteúdo e a forma do ensino. Essa dicotomia ficou conhecida como o formato "três-mais-um", expressão que indicava que o plano de formação previa três anos de estudo de *conteúdos* e, somente depois, o estudo dos métodos de ensino. Nos anos 1970, as novas diretrizes de formação exigiram que os conteúdos e as formas fossem integrados ao longo dos quatro anos. Pouco adiantou. O "três-mais-um" persistiu de forma disfarçada, por mais que as novas diretrizes aumentassem a carga horária dos departamentos pedagógicos.

Uma proposta alternativa consistiu na idealização de centros de formação de professores, que chamariam para si as disciplinas de conteúdos *e* as disciplinas de educação. A ideia foi rejeitada prontamente pelos departamentos de "conteúdo". Um centro de formação de professores implicaria desviar grande parte do tempo de trabalho para a formação de *professores,* em detrimento da pesquisa e da pós-graduação que estavam apenas se afirmando. Isso foi considerado inaceitável. A maioria dos departamentos de ciências naturais (Biologia, Física, Química), mas também o setor de Matemática e, por vezes, o de Geografia formavam também bacharéis, que não faziam a formação docente. Estava fora de cogitação a duplicação de meios. Essa pequena esquizofrenia segue até hoje, por mais que tenham sido multiplicadas as estratégias de fusão entre as duas dimensões da formação e aumentada a carga horária da chamada "parte pedagógica". O único ponto de avanço foi a criação de oportunidades de treinamento em ação, por meio de "residências pedagógicas" para os estudantes de licenciaturas.

Uma reação pioneira ao giro sociológico da pedagogia surgiu em 1981. Guiomar Namo de Mello publicou naquele ano um relatório de pesquisas sobre representações de professoras e professores de primeiro grau em São Paulo sobre práticas docentes. Ela abandona as teses sobre as determinações estruturais da escola e propõe-se a pensar a escola sob o ponto de vista de uma experiência que precisa ser bem-sucedida, para alunos e professores. O livro provocou um escândalo. Ela foi chamada de "governista confusa", que flertava com o "tecnicismo pedagógico". As críticas ao livro foram ocasiões para a reposição das falácias estruturais, a saber, que uma *outra* escola somente é possível no contexto de relações de produção que não sejam aquelas do capitalismo.[12]

Nos anos 1980, o tecnicismo foi expurgado nos centros de formação de professores e substituído pelo novo jargão crítico. O que aconteceu então foi uma espécie de apagão curricular, didático e metodológico.[13] Expus isso com algum detalhe em *Quando ninguém educa*.[14] Aqui eu quero me ater à indicação de algumas reações importantes à atmosfera dos anos 1970-80, quando a formação de professores foi invadida por uma subliteratura de evasão que tinha como palavra de ordem "transformar a sociedade". O presente foi deixado de lado.

Eu indiquei alguns aspectos da colonização da pedagogia: o surgimento da NSE, o rebaixamento da escola à condição de "aparelho ideológico" ou de agência de violência simbólica, o movimento de desescolarização, a transformação do professor em "trabalhador da educação", a morte da escola. Hoje, quando vemos essas ideias à distância, elas parecem fora do lugar, pois o país, nos anos 1970-80, mal começava a erguer um sistema público e universal de ensino.

Quero mostrar a seguir algumas situações que podem ser vistas como as reações a esse estado de coisas. O que eu chamei de "pedagogia colonizada" despertou reações em todo o mundo e aqui no Brasil. Vou indicar a seguir alguns acontecimentos que podem ser vistos como *reações* à atmosfera da pedagogia colonizada e seduzida pelos estudos de poder. A evasão do presente enfrentou um contraponto a partir dos anos 1990. Vou me ater apenas àquelas situações que se relacionam mais diretamente ao nosso presente.

A "EDUCAÇÃO BASEADA EM EVIDÊNCIAS"

Um dos sinais de reversão da atmosfera vanguardista surgiu no final dos anos 1990, com a publicação do artigo "O que é a educação baseada em evidências?", de Philip Davies. Não é exagero dizer que nasceu ali um novo jargão. O autor não fazia questão do rótulo: educação baseada em evidências; educação baseada em pesquisas; práticas sensíveis ao contexto; educação baseada em literatura. O que ele criticava era a crescente distância entre as comunidades de pesquisa educacional (e a qualidade delas) e a aplicabilidade na sala de aula da boa pesquisa, eventualmente, existente. Por "boa pesquisa", entenda-se aqui aquela que é capaz de impactar a aprendizagem na sala de aula. Isso implicava o diagnóstico dos problemas cotidianos que o professor enfrenta.

Na descrição de Davies, a agenda da educação "é frequentemente impulsionada por ideologia política, sabedoria convencional, folclore e pensamento positivo. [...] Muito desse ímpeto representa o triunfo da esperança sobre a razão, do sentimento sobre a eficácia demonstrada, da intuição sobre a evidência".[15]

A expressão "evidência", ele sugere, abrange os resultados de estudos randomizados, pesquisas de correlações e qualitativas, etnografias, observações detalhadas, revisões, meta-análises, entrevistas, análises conversacionais e análise de discurso, e por aí vai. O que importa, nessa perspectiva, é o cuidado com a coleta de dados e informações por meios sistemáticos, que possam contribuir para descrever e avaliar a eficácia de políticas e práticas educacionais, uma vez que as análises quantitativas convivem bem com os estudos qualitativos.

A educação baseada em evidências procura usar as informações disponíveis na pesquisa e na literatura educacional que formula e responde questões *respondíveis*. Isso deixa de fora perguntas como "qual o melhor método educacional para transformar a sociedade". As informações devem ser avaliadas criticamente, analisadas, organizadas e ranqueadas, de modo que o educador possa determinar a relevância específica que elas têm para a realidade educacional em pauta. Uma educação baseada em evidências procura também estabelecer evidências onde elas faltam, de modo que possam basear estudos e planejamentos.

A existência de uma política educacional pública centralizada e impositiva é um dado *recente* na realidade brasileira. Foi somente em 1996 que a Lei de Diretrizes e Bases da Educação Nacional (LDB) impôs a necessidade de uma base curricular comum para todo o Brasil. Precisou-se de quase 20 anos para surgir a primeira versão da BNCC. Foi somente em 2009 que uma emenda constitucional (EC 59/2009) criou a obrigatoriedade da educação básica para a faixa etária de 4 a 17 anos. Por último, nosso primeiro plano nacional de educação com *metas mensuráveis* é de 2014. Até então, não havia nada de cima para baixo além da chuva.

O estudo de Davies não deixou de registrar o fenômeno da mudança no pensamento e na prática educacional *de cima para baixo*. Junto às novas políticas públicas que surgiram nos anos 1990, temos a multiplicação dos *think tanks*, da Organização da Sociedade Civil de Interesse Público (Oscip). Esses atores surgem no palco educacional, com muita força, no período imediatamente posterior à retração de nossa cultura pedagógica e curricular. Essas instituições se ocuparam em produzir as soluções curriculares e didáticas que não saíam das universidades. No Quadro 1, a seguir, eu listei algumas delas (bem como movimentos e acontecimentos), que considero representativas da tendência que estou descrevendo. A lista tem fins meramente ilustrativos. Os objetivos delas, que constam na terceira coluna dos sites das entidades, foram transcritos das respectivas páginas institucionais disponíveis on-line.

Equívocos sobre a escola

Quadro 1 – Cronologia de instituições e acontecimentos
ligados à "educação baseada em evidências"

Ano	Instituição/acontecimento	Objetivo declarado
1970	Fundação Santillana	"Auperação de desigualdades educacionais, apoio ao ensino fundamental."
1982	Instituto Unibanco	"Melhoria da educação pública no Brasil."
1993	Fundação Itaú	"Contribuir com ações e programas que incidam em políticas públicas emancipatórias e viabilizadoras de mudanças estruturais na educação."
1994	Instituto Ayrton Senna	"Impactar estudantes de todo o Brasil por meio da educação integral é o nosso compromisso."
1995	A União Faz a Vida (Sicred)	"O programa A União Faz a Vida [...] promove atitudes e valores de cooperação e cidadania para crianças e adolescentes."
1996	Nova Lei de Diretrizes e Bases (LDB)	A Lei prevê que os currículos da educação infantil, do ensino fundamental e do ensino médio devem ter base nacional comum.
1999	Fundação Telefônica Vivo	"Apoiar secretarias de educação na ampliação de políticas e programas de adoção de tecnologia para o desenvolvimento de competências digitais de educadores e estudantes das escolas públicas."
2000	Instituto de Corresponsabilidade pela Educação (ICE)	"[...] é uma entidade sem fins econômicos que visa primordialmente a melhoria da qualidade da educação básica pública no Brasil, produzindo soluções educacionais inovadoras em conteúdo, método e gestão."
2000	Criação do Programa de Avaliação Internacional de Estudantes (Pisa)	O Programa de Avaliação Internacional de Estudantes é um "estudo comparativo internacional realizado a cada três anos", por meio de testes de leitura, Matemática e Cências.
2002	Fundação Lemann	"Contribuir significativamente para um Brasil mais justo e avançado. Nossa atuação está fundamentada em dois focos estratégicos: Educação e Liderança, ambos com compromisso transversal pela equidade racial."
2003	Escola sem Partido	"É uma iniciativa conjunta de estudantes e pais preocupados com o grau de contaminação político-ideológica das escolas brasileiras, em todos os níveis: do ensino básico ao superior."

2005	Prova Brasil	"A Prova Brasil e o Sistema Nacional de Avaliação da Educação Básica (Saeb) são avaliações para diagnóstico, em larga escala, desenvolvidas pelo Instituto Nacional de Estudos e Pesquisas Educacionais Anísio Teixeira (Inep/MEC). Têm o objetivo de avaliar a qualidade do ensino oferecido pelo sistema educacional brasileiro a partir de testes padronizados e questionários socioeconômicos."
2006	Todos pela Educação	"Nossa missão é contribuir para melhorar a educação básica no Brasil."
2006	Instituto Alfa e Beto	"Criar um futuro melhor para todas as crianças brasileiras, oferecendo soluções pedagógicas que impactem positivamente sua trajetória escolar permitindo que elas realizem seus sonhos."
2007	Provinha Brasil	Avaliação diagnóstica aplicada aos alunos matriculados no segundo ano do ensino fundamental. A intenção é oferecer aos professores e gestores escolares um instrumento que permita acompanhar, avaliar e melhorar a qualidade da alfabetização e do letramento inicial.
2010	Instituto Natura	"Transformar a educação, sempre em busca de garantir aprendizagem de qualidade."
2012	Pacto Nacional pela Alfabetização na Idade Certa	"Compromisso formal e solidário assumido pelos governos Federal, do Distrito Federal, dos Estados e dos Municípios, desde 2012, para atender à Meta 5 do Plano Nacional da Educação (PNE)", que estabelece a obrigatoriedade de "Alfabetizar todas as crianças, no máximo, até o final do 3º (terceiro) ano do ensino fundamental."
2013	Movimento pela Base	"Uma rede não governamental e apartidária de pessoas e instituições que, desde 2013, se dedica a apoiar e monitorar a construção e a implementação de qualidade da BNCC (Base Nacional Comum Curricular) e do Novo Ensino Médio."
2014	Plano Nacional da Educação (PNE)	O Plano Nacional de Educação (PNE) determina diretrizes, metas e estratégias para a política educacional no período de 2014 a 2024.
2015	Primeira versão da BNCC.	A primeira versão da BNCC foi publicada em setembro de 2015. O documento foi aberto para consulta pública, e recebeu mais de 12 milhões de contribuições.

2015	A Associação Nacional de Pós-Graduação em Educação (ANPED) declara-se contra a BNCC.	"A ANPED manifesta-se contrariamente ao documento orientador de políticas para Educação Básica apresentado pela SEB/MEC à consulta pública como Base Nacional Comum Curricular. Nossa posição é sustentada no entendimento de que a desejável diversidade, fundamental ao projeto de nação democrática expresso na Constituição Brasileira e que se reflete na LDB/1996, não é reconhecida na proposta da BNCC, na medida em que nesta está subentendida a hegemonia de uma única forma de ver os estudantes, seus conhecimentos e aprendizagens, bem como as escolas, o trabalho dos professores, os currículos e as avaliações, imprópria à escola pública universal, gratuita, laica e de qualidade para todos."
2015	Instituto Sonho Grande	"[...] organização sem fins lucrativos e apartidária que, desde 2015, atua por uma educação pública brasileira de qualidade. Lado a lado com estados e organizações do terceiro setor, trabalhamos para expandir o Ensino Médio Integral em escolas públicas."
2016	Centro de Inovação para a Educação Brasileira (Cieb)	"Uma associação sem fins lucrativos, criada em 2016, com o intuito de promover a cultura de inovação na educação pública brasileira."
2018	Instituto Reúna	"Desenvolver recursos e referências técnico-pedagógicos de excelência que promovam a coerência pedagógica sistêmica e contribuam com a implementação da BNCC para uma educação básica de qualidade, inclusiva e equitativa."

A lista, insisto, é meramente ilustrativa. Como se vê nela, há *edtechs*, Oscips, fundações e movimentos de todo corte e feitio. Essas instituições tomaram conta do mercado curricular e didático. A mercadoria que elas oferecem é a consultoria educacional *prêt-à-porter*, a saber, os materiais instrucionais de que uma escola precisa no dia a dia, com as respectivas formações para uso, avaliações etc. Os materiais e os procedimentos oferecidos são acolhidos, até mesmo, porque a formação de base é precária. As alternativas são poucas e, na maior parte das vezes, estamos inseguros sobre o que fazer.

Bernadete Gatti, em 2009, analisou a composição curricular dos cursos de Pedagogia. Apenas 28% das disciplinas desses cursos se dedicavam aos conteúdos, métodos e práticas de ensino. Os outros 72% se dedicavam ao estudo de fundamentos da educação, outros saberes, atividades complementares, estudo de sistemas educacionais.[16] O espaço para estudos de didática, metodologia e práticas de ensino é pequeno até hoje, e as universidades seguem sem uma solução organizacional para abrigar a formação dos professores de uma maneira integrada. As licenciaturas continuam dissolvidas entre as várias unidades universitárias. Para piorar o quadro, as licenciaturas à distância estão hoje tomando conta da formação e aligeirando-a ainda mais. A formação, presencial ou à distância, é cada vez menos específica.

Na mesma época em que Gatti publicou suas conclusões sobre os currículos de Pedagogia, a área foi sacudida por declarações de autoridades educacionais que anunciavam a falência das faculdades de educação. Segundo Maria Helena Guimarães de Castro, secretária de educação do estado de São Paulo e Eunice Durham, do Ministério da Educação, o melhor a fazer seria *fechar todas as faculdades de educação e recomeçar do zero*.[17] As faculdades seguiram abertas e se multiplicaram, com a ajuda da educação à distância (EAD). A solução encontrada pelas redes de ensino para o enfrentamento do cotidiano escolar foi oferecida pelas empresas de consultoria educacional. As Oscips, os *think tanks*, as fundações, as grandes redes de ensino, com suas franquias espalhadas por todo o Brasil, com apostilas, plataformas, metodologias e atividades para todo o currículo ocuparam o território abandonado. As faculdades de Pedagogia hoje fornecem uma espécie de licença genérica para o professor, que se vê cada vez mais constrangido a pilotar um veículo que não é seu por um caminho que tampouco escolhe.

Entre as marcas dos anos 1980, ficou o estigma das receitas didáticas. Dizia-se que o importante era ensinar o pescador a pescar; era errado oferecer receitas e pratos prontos. A troca de experiências bem-sucedidas e bons exemplos não era incentivada. Quem sabia o que e como fazer guardava para si. Demoramos para ver que não havia nada de errado em aprender uma boa receita.

Foi nesse século que surgiram os testes educacionais nacionais e padronizados, as tabelas de proficiência estudantil e a classificação das escolas por desempenho. Isso, e mais a criação de uma BNCC, aumentou a pressão sobre as escolas, que antes gozavam de muita autonomia. A Constituição de 1988 concedeu autonomia aos municípios para organizar seus próprios sistemas de ensino. O Brasil possuía tantos sistemas autônomos quanto seus municípios, sem nenhum tipo de supervisão estadual ou federal. A LDB de 1996 colocou um fim nessa situação, decidiu pela BNCC,[18] e criou o ambiente para os testes padronizados nacionais.

O encolhimento da autonomia da escola é uma realidade no meio de outras tantas, que incluem o estabelecimento de uma política de amparo ao salário e a adoção da BNCC. Não parece haver volta. Por outro lado, o sentimento de falta de voz aponta para as pressões e ataques sofridos pela escola: as disputas pelo currículo, a pressão de indicadores, o apostilamento do ensino. O currículo escolar passou a ser vigiado por todos os lados políticos, todos querem exercer alguma influência sobre ele; os livros didáticos são escrutinados em busca de evidências de doutrinamento político, silenciamentos e omissões. Os professores, no meio do redemoinho, sentem essas pressões diariamente. Estão longe os dias do respeito irrestrito pela escola, pela mística escolar.

A PROATIVIDADE ESCOLAR

O Brasil dos anos 1970-80 viveu um período de expansão do sistema escolar, em busca da universalização do ensino e, nessa mesma época, surgiram teorias sociais que faziam pouco da escola e condicionavam sua renovação a uma transformação radical da estrutura socioeconômica. Houve quem comparasse a escola com a prisão, o exército, o convento, "instituições totais".[19] Os professores transformaram-se em "trabalhadores da educação".

Essa forma de pensar a escola não desapareceu totalmente. Há versões amenizadas dela que ainda vcirculam na pedagogia. Em uma palestra que fiz sobre esse tema – na qual disse que as aulas expositivas, a observação de silêncio na sala e o cultivo de formas de disciplinamento básico em relação a horários, uniformes, compromissos escolares, não apenas não saíram de moda, mas são essenciais no cotidiano escolar –, fui perguntado sobre como me posiciono diante das críticas de Foucault à escola. "A escola não é uma instituição de 'docilização', de disciplinamento, para a moldagem de indivíduos obedientes e controlados, por meio de métodos como a vigilância constante, exames e horários rígidos, punições?"

Foucault tem sido apresentado ao público brasileiro como alguém que vê na escola uma instituição que molda comportamentos e relações de poder na sociedade. As coisas que Foucault disse sobre a escola visavam à análise de instituições dos séculos XVII e XVIII, como sabem os leitores de *Vigiar e punir*. É preciso cuidado para projetar, no século XXI, estudos sobre o século XVIII; sendo, portanto, mais um caso de *visão em terceira pessoa*, adequada para os fins adequados.

Quando Pierre Bourdieu escreveu, nos anos 1970, que a função social da escola é garantir a continuidade sociocultural, ele deixou claro que isso não é pouco e simples. Essa função exige da escola uma atitude consciente e proativa, pois a sociedade é um lugar de conflitos culturais entre ortodoxias e heresias, entre o conformismo e a rebeldia, e isso deve ser levado em conta pela escola. Ela pode e deve tomar posições em assuntos discretos que dizem respeito ao seu cotidiano e à formação humana. Há escolas públicas, particulares, confessionais, comunitárias, e, entre os traços comuns a todas, há atitudes como a de saber ficar ao largo de temas polêmicos, típicos das relações entre adultos, como opiniões e escolhas partidárias. A escola se orienta por um tipo especial de conservadorismo: a manutenção das bases necessárias para a existência de uma comunidade moral.

INSTITUIÇÕES FORMAIS E INFORMAIS

O debate sobre a escola precisa levar em conta o tipo de instituição que ela é. Como outras instituições, políticas, jurídicas, econômicas, a escola reúne um grupo de pessoas que adota regramentos de condutas para resolver problemas da vida cotidiana. Como diz Mary Douglas, nossa racionalidade é francamente limitada e isso é uma fonte de problemas. As instituições são estruturas que criamos para lidar com a vida cotidiana, que reduz a incerteza que nos cerca. Isso vale para coisas como cumprimentar os amigos, dirigir automóveis e pedir dinheiro emprestado. As instituições são criações humanas que guiam as nossas ações mediante regras que limitam as alternativas de condutas. As instituições, por definição, restringem nossos comportamentos e, com isso, nos permitem descansar um pouco diante das incertezas do mundo. O motorista vai pela mão direita da rua e espera que os outros façam o mesmo. Dirigir automóveis é um bom exemplo de uma atividade ligada a regramentos explícitos formais, como leis de trânsito, de habilitação de condutores, de condições dos veículos e dos motoristas. Já cumprimentar os amigos é uma instituição informal, mas, nem por isso, desimportante.

A escola é uma instituição formal ou informal? A linha divisória nem sempre é nítida. As leis de trânsito são instituições formais; a amizade, informal. Uma medida razoável para a formalidade de uma instituição é o quanto ela é regida por algum mecanismo jurídico. As sociedades modernas, como a brasileira, são regidas por constituições. Assim, boa parte de nossas vidas é *constituída, formalizada, instituída*. Vale lembrar aqui que os regramentos jurídicos mudam. Um bom exemplo é a família. A visão tradicional, segundo a qual a família é uma instituição baseada em vínculos biológicos e matrimoniais foi substituída pela noção de vínculo socioafetivo. A família não se formaliza facilmente. Sua definição é complexa porque, por mais que seja uma instituição ligada aos cuidados naturais que pais e mães têm em relação a bebês e crianças, isso não a define. Uma família pode ser constituída pela avó e dois netinhos órfãos. Tenho uma amiga que, depois de uma longa vida de solteira, decidiu adotar três crianças ao mesmo tempo, pois eram irmãos. Ela constituiu uma bela família, com laços de sangue entre as crianças e muito amor. A família não é um fato da natureza. Por vezes, ela é o lugar onde os homens batem nas mulheres e nas crianças, ao mesmo tempo em que dizem que as amam, trocando-as por outras sempre que acham isso interessante.

A escola é uma instituição informal e natural? Não seria uma família ampliada, na qual as professoras seriam as tias, os colegas seriam os irmãozinhos? A comparação é péssima. A relação entre o professor e a criança é de outra ordem. O afeto que os professores têm pelas crianças é temperado pela profissão. Voltarei a esse tema mais adiante, no capítulo "Infância e tecnologia". Acho que o mais honesto aqui é pensar nos graus de regulamentação e formalidade que a legislação de um país impõe sobre o sistema escolar. Isso varia muito na história educacional e não muda o fato de que a escola é um espaço de cuidados. Isso implica medidas de previsão, contenção, controle. Não podemos esquecer que a legislação que temos hoje dispõe que as crianças devem ser matriculadas a partir dos 4 anos de idade. A informalidade, dentro da escola, é regulamentada.

Quanto à "naturalidade" da escola, podemos pensá-la como uma licença de expressão. Parece natural reunir as crianças por faixas etárias, parece natural que o aprendizado de línguas e Matemática é valioso, parece natural pensar que a criança fica mais forte vivenciando uma comunidade moral no qual a justiça é praticada de forma abstrata, desvinculada do sangue e do afeto pessoalizado.

A escola tem o compromisso formal com aquilo que acompanha a geometria e a literatura. Como disse Jerome Bruner, a pedagogia nunca é inocente, ela é um meio que carrega sua própria mensagem. Tão valiosos quanto os conteúdos são os meios, os procedimentos, os métodos, e há coisas intrínsecas à escola, ao processo de ensino e aprendizagem, à conduta dos professores e das crianças que ensinam ainda mais. A escola é um ponto de encontro para os aprendizados de um fundo comum de conhecimentos, habilidades e competências sem o qual não temos as bases de que precisamos para discordar uns dos outros.

EM RESUMO

O ponto central deste capítulo foi a análise do que chamei de "colonização da pedagogia" – um processo que ocorreu a partir dos anos 1970, quando a academia brasileira foi seduzida por teorias críticas sobre a escola, justamente no momento em que o país precisava expandir seu sistema educacional. Indiquei alguns aspectos desse processo; entre eles, o rebaixamento da escola à condição de "aparelho ideológico de Estado"; sua qualificação como agência de violência simbólica; a defesa da desescolarização e a metamorfose do professor em "trabalhador da educação".

Essas "ideias fora do lugar" tiveram consequências graves. Enquanto lutávamos para universalizar o acesso à educação básica, com iniciativas como as "brizoletas", a academia voltou-se para as críticas à própria instituição escolar. Um resultado disso foi o esvaziamento das pesquisas voltadas para o currículo e para a didática, desprestigiados em favor de análises sociológicas distantes do cotidiano escolar.

Esse vazio foi gradualmente ocupado por outros atores, especialmente a partir dos anos 1990. Um marco nessa história foi o conceito de "educação baseada em evidências", proposto por Philip Davies, que buscava devolver ao centro das preocupações pedagógicas as práticas que efetivamente funcionam na sala de aula. Paralelamente, surgiram institutos, fundações e *think tanks* que assumiram o papel de oferecer diretrizes e materiais concretos para o trabalho docente.

Esse processo não ocorreu sem tensões. A criação de avaliações padronizadas e a implementação da BNCC geraram resistências significativas. Ao mesmo tempo, estudos revelavam que pouco mais de um quarto das disciplinas dos cursos de Pedagogia se dedicavam aos conteúdos, métodos e práticas de ensino.

O capítulo encerra retomando a visão de Bourdieu de que a função social da escola é garantir a continuidade sociocultural de forma consciente e proativa. A escola não é uma extensão da família nem uma instituição informal, mas um espaço regrado que combina formalidade e cuidado. Seu propósito é proporcionar um fundo comum de conhecimentos, habilidades e competências, sem o qual não temos as bases para a vida em comunidade e para o diálogo democrático, mesmo na discordância.

Notas

[1] Young, 1971, p. 3. Os autores mais populares da NSE foram Michael Young, Pierre Bourdieu e Basil Bernstein.

[2] Buckman, s.d., p. 113.

[3] Ver, sobre esses temas, os livros de Gois, 2022, e Latif, 2022.

[4] Trata-se de *Cuidado, escola!: desigualdade, domesticação e algumas saídas*. Não vou me deter na análise do livro. No meu *Escola partida*, fiz uma exposição mais detalhada sobre ele.

[5] Uso essa expressão em sentido semelhante ao de Roberto Schwarz, no texto "As ideias fora do lugar", em Schwarz, 1988.

[6] Há sinais dela até hoje. Em 2020, a Universidade de São Paulo (USP) publicou um pequeno livro, *A educação emancipatória: Ivan Illich, Paulo Freire, Ernesto Guevara e o pensamento latino-americano*. O autor escolheu es-

ses nomes porque eles seriam representativos do "pensamento latino-americano contemporâneo", na medida em que trataram de conceitos como "homem novo", "educação libertadora" e "revolução". Ver Romo, 2020.

[7] Elaborei a lista, usando o livro de Lauro de Oliveira Lima, *Mutações em educação*, por exemplo. Outros exemplos vieram de Buckman (s.d.), de Romo, 2020, e uns poucos são adaptações minhas.

[8] Young, 1971, p. 182.

[9] Idem, p. 178.

[10] O leitor interessado vai encontrar mais reflexões sobre o giro pedagógico dos anos 1970 nos meus *Quando ninguém educa* e *Escola partida*. Veja na bibliografia.

[11] Sobre isso, Quadros, 2002.

[12] Expus com mais detalhes essa polêmica no meu *Escola partida*, pp. 80 ss.

[13] O melhor documento de época sobre isso é o escrito de Nélio Parra, "O questionável papel das faculdades de educação". Veja na bibliografia.

[14] Rocha, 2017.

[15] Davies, 1999, p. 108.

[16] Gatti, 2009.

[17] Maria Helena Guimarães de Castro foi secretária de Educação de São Paulo. Em entrevista para a revista *Veja*, em 9/2/2008, ao responder sobre as providências que seriam necessárias para melhorar a qualidade das escolas brasileiras, disse: "Num mundo ideal, eu fecharia todas as faculdades de pedagogia do país, até mesmo as mais conceituadas, como a da USP e a da Unicamp, e recomeçaria tudo do zero. Isso porque se consagrou no Brasil um tipo de curso de pedagogia voltado para assuntos exclusivamente teóricos, sem nenhuma conexão com as escolas públicas e suas reais demandas. Esse é um modelo equivocado. No dia a dia, os alunos de pedagogia se perdem em longas discussões sobre as grandes questões do universo e os maiores pensadores da humanidade, mas ignoram o básico sobre didática. As faculdades de educação estão muito preocupadas com um discurso ideológico sobre as múltiplas funções transformadoras do ensino. Elas deixam em segundo plano evidências científicas sobre as práticas pedagógicas que de fato funcionam no Brasil e no mundo."
Eunice Durham, que havia sido secretária de política educacional do Ministério da Educação, não deixou por menos. Em entrevista para a revista *Veja*, em 26/11/2008, sua posição foi semelhante à de Maria Helena.

[18] A BNCC atrapalha a liberdade de ensinar e aprender? Não parece ser essa a direção das críticas que a BNCC sofre. Parece haver um consenso de que a liberdade e o direito de ensinar não são absolutos. A liberdade de ensino (a "liberdade de cátedra") é uma liberdade-meio; é relativa às normas que a regulam, em especial à legislação educacional vigente. Por mais trivial que seja, é preciso lembrar que os professores, na sala de aula, não fazem simplesmente o que querem, de forma irrestrita, desconsiderando os projetos pedagógicos em que estão inseridos. O exercício do direito de ensinar é limitado por constrangimentos didático-pedagógicos e jurídicos.

[19] Erving Goffmann, ,1987, é o autor da expressão "instituição total", mas ele não incluiu a escola na lista delas. A definição dele exclui a escola: "Uma instituição total pode ser definida como um local de residência e trabalho, onde um grande número de indivíduos com situação semelhante, separados da sociedade mais ampla por considerável período de tempo, levam uma vida fechada e formalmente administrada". Os exemplos dele são as prisões, os hospitais para doentes mentais, os quartéis, internatos, abadias, mosteiros etc. A principal característica uma "instituição total" é o "fechamento" dela, a barreira que ela cria entre ela e o mundo exterior, a proibição de saída. Em nenhum momento do livro, ele inclui as escolas entre essas instituições.

AS TECNOLOGIAS DO INTELECTO

> "A linguagem, o maior avanço tecnológico da história, e aquele do qual dependem todas as inovações posteriores, tem mais ou menos 100.000 anos; a escrita tem alguns milênios; a impressão tem 550 anos e a mídia eletrônica é tão recente que temos que pensar em termos de décadas, embora a taxa de mudança seja tão rápida que até décadas parecem lentas. A questão básica é: como nos adaptamos a essa taxa de mudança?" (Robert Bellah, 2024)

A escola foi rebaixada, os professores desapareceram. Aqueles que ficaram perderam o controle da sala de aula e do currículo. Mas não há mal que sempre dure. A escola começa a ser vista com outros olhos. Ela está sendo convocada a ajudar as crianças e os adolescentes a se livrar das garras dos maiores dispositivos de desarranjo psíquico e social existentes hoje, as redes sociais e os *smartphones*. É uma grande ironia. Foi preciso uma epidemia de ansiedade para que a escola fosse reconhecida como um espaço que pode contribuir para a restauração da saúde mental das crianças, degradada pelo uso intensivo dessas tecnologias. A escola pode fazer isso, porque ela é um espaço no qual a espiritualidade se sente à vontade.

A degradação espiritual ligada ao uso de telas e redes se mostra nas transformações da socialização das crianças. A vida centrada em celulares e redes sociais altera a relação que temos com o espaço, com o tempo e com as demais pessoas. Em muitos casos, ela altera a relação que temos conosco, com nosso corpo, com nossa imagem. Uma palavra importante aqui é *assincronicidade*: os aplicativos e o sistema de mensagens nos desconectam do *tempo* do outro. E quanto ao espaço? Agora ficamos sozinhos ao lado do outro.

A escola é o oposto desse mundo de virtualidades. Nela, as vivências são síncronas e as comunicações entre as pessoas incluem a corporeidade, a gestualidade, os rituais de alternação de fala e escuta, as permissões de voz e de escuta, os silêncios demandados e consentidos, a ação enriquecida e contrastada pela imobilidade que é exigida em muitos momentos. A capacidade de foco e de atenção deve ser treinada em intervalos maiores; o tratamento cordial deve ser a rotina no portão de entrada da escola, nos corredores, na sala de aula, nos intervalos e nas brincadeiras. A disciplina escolar pode ser um exercício espiritual.

A escola é um espaço formativo-espiritual. Entre os rituais de admissão da criança, está o reconhecimento que ela, ao passar pelo portão da escola, entra em lugar regido por regras claras e impessoais, por direitos e deveres, pela demarcação de tempos, espaços e normas de convivência. Para usar uma expressão de Haidt, podemos ver o espaço físico da escola também como uma "sacralidade compartilhada". Eu sugiro que podemos ir um pouco além. A escola pode e deve ser vista como um espaço de práticas espirituais, em cuja base está a relação da criança com a própria corporalidade. A valorização que a escola promove das atividades cotidianas inclui a realização de rituais compartilhados, mas também de imobilidade e silêncio, como fazem todas as tradições religiosas.

Quero expor as razões que vejo para pensar a escola como um espaço de espiritualidade, e, para isso, vamos prestar atenção nas práticas escolares tradicionais. Antes disso, porém, devemos tornar mais preciso o vocabulário que usaremos para falar dos temas que introduzi anteriormente.

Quando a lei da proibição dos dispositivos eletrônicos nas escolas foi publicada, muitos se apressaram a dizer que nada adianta apenas proibir, que é preciso educar a criança para o mundo das novas tecnologias. Vou um pouco mais adiante. Não basta educar para o mundo das novas tecnologias se mal sabemos *o que é mesmo uma tecnologia.*

TÉCNICAS, FERRAMENTAS, INSTRUMENTOS

Uma técnica, diz o dicionário, é um conjunto de procedimentos ligados a uma arte ou habilidade. Um procedimento é um modo, um jeito de fazer algo, por meio de uma ferramenta, instrumento ou máquina. Nos dias de hoje, se fala em técnicas de venda ou administração, por exemplo, e isso mostra que os instrumentos e as ferramentas nem sempre são coisas materiais. Escrever, fazer amigos e operações matemáticas são exemplos de técnicas intelectuais exercidas mediante o uso de capacidades simbólicas e linguísticas. Podemos falar em ferramentas, instrumentos e máquinas manuais, físicas, tridimensionais e ferramentas, instrumentos e máquinas intelectuais, simbólicas, *espirituais.* Aqui, o leitor vai desconfiar que estou fazendo um uso metafórico abusado ao falar em "máquinas espirituais". Sim, é uma metáfora, mas não é descabida.

Ferramentas e instrumentos são, no mais das vezes, objetos que prolongam e preparam nosso corpo para fazer coisas, como lembra Simondon.[1] O martelo prolonga e prepara o braço e a mão para bater no prego, quebrar a pedra. O martelo é uma ferramenta típica, primitiva, como as facas, machados, foices, alavancas, pás. Essa classe de ferramentas está ligada a *ações.* Há também uma classe de instrumentos diretamente conectados às nossas capacidades de *percepção.* Óculos, lunetas, cones de audição, réguas, recipientes são coisas que criamos para melhorar a nossa percepção do mundo. Essa distinção não significa que essas duas classes de artefatos não se misturam. Para saber se um barril está cheio, batemos nele com o nó do dedo e o som resultante nos dá a informação que buscamos. Assim, uma ferramenta para *ação* no mundo pode prestar um serviço para a *percepção* do mundo. Os artefatos técnicos ampliam as capacidades humanas, sejam elas *corporais*, como a força física que aplicamos no martelo, sejam elas *intelectuais*, como a possibilidade de ver o mundo mais de perto por meio do microscópio.

Na segunda metade do século passado, ocorreu uma mudança importante no vocabulário dessa área, com o surgimento do conceito de "tecnologia intelectual". Desde os anos 1960, esse conceito começou a ser usado para indicar procedimentos centrados na *manipulação de símbolos*, como a escrita.[2] As reflexões sobre o surgimento da escrita e seu papel na história fizeram esse tema e, com ele, o conceito de "tecnologia intelectual", entrar na agenda das ciências humanas.

Veja o Quadro 2, a seguir, no qual indico alguns autores e obras que fazem parte dessa tendência:

Quadro 2 – Cronologia de autores e obras sobre a escrita como tecnologia

1951 – Harold Innis	*O viés da comunicação*	"Para citar Mirabeau: 'As duas maiores invenções da mente humana são a escrita e o dinheiro – as línguas comuns da inteligência e do interesse próprio'." (p. 75)
1964 – André Leroi-Gourhan	*O gesto e a palavra:* técnica e linguagem	"[...] o progresso técnico está ligado ao processo dos símbolos técnicos da linguagem". (p. 117)
1964 – Marshall McLuhan	*Os meios de comunicação como extensões do homem*	"O alfabeto fonético é uma tecnologia única [...] que dispõe dos meios de criar o 'homem civilizado', indivíduos separados que são iguais perante a lei escrita" (p. 103)
1967 – Lewis Munford	*O mito da máquina:* técnica e evolução humana	"Se houve apenas uma invenção imprescindível [...] essa foi, seguramente, a invenção da escrita". (p. 317)
1963 – Jack Goody	*As consequências do letramento*	"a invenção da escrita mudou toda a estrutura da tradição cultural" (p. 75)
1977 – Jack Goody	*A domesticação da mente selvagem*	"[...] um estudo das tecnologias do intelecto pode lançar uma nova luz sobre os desenvolvimentos na esfera do pensamento humano. Os desenvolvimentos na tecnologia do intelecto devem ser sempre cruciais." (p. 22)

1979 – M. T. Clanchy	*Da memória até o escrito registrado: Inglaterra 1066-1307*	"[...] estudos antropológicos de sociedades não letradas [...] sugerem que o letramento é, em si mesmo, uma tecnologia." (p. 7)
1982 – Walter Ong	*Oralidade e escritura: tecnologias da palavra*	"As tecnologias não são somente recursos externos, mas também transformações interiores da consciência, e mais ainda quando afetam a palavra. A escrita dá vigor à consciência." (p. 85)
1982 – Eric Havelock	*A revolução da escrita na Grécia e suas consequências culturais*	"O alfabeto grego é apresentado aqui como uma peça de tecnologia explosiva, revolucionária por seus efeitos na cultura humana." (p. 14)
1993 – Merlin Donald	*Origens da mente moderna: três etapas na evolução da cultura e da cognição*	"Eles estavam inventando novas ferramentas cognitivas, algoritmos para o pensamento, que mais tarde serviram como base do pensamento científico moderno. A invenção simbólica foi uma força em todas as fases da evolução humana [...]. As invenções simbólicas ultrapassavam em muito os limites da psique individual; as novas invenções eram procedimentos metalinguísticos elaborados, socializados, que serviriam como aspectos de controle superordenado do processo de pensamento." (p. 423)
1994 – David Olson	*O mundo no papel: as implicações conceituais e cognitivas da leitura e da escrita*	"[...] foi somente a partir dos anos 1960 que o tema da escrita adquiriu plena respeitabilidade na agenda acadêmica." (p. 11)
1995 – Roy Harris	*Signos da escrita*	"A escrita é uma tecnologia que produz provas que não dependem da memória. [...] O surgimento da escrita foi uma inovação muito mais importante para a humanidade que qualquer outra inovação na comunicação surgida antes ou depois." (p. 64)

| 2001 – Merlin Donald | *Uma mente tão rara: a evolução da consciência humana* | "[...] a invenção simbólica nunca é fácil. Quantas pessoas realmente inventaram um dispositivo ou expressão simbólica verdadeiramente nova? Muito poucos, de fato. Quantas sociedades realmente exploraram esses símbolos ao máximo? Quase nenhuma. A invenção simbólica é geralmente obra de mentes únicas, mas sua plena exploração é um empreendimento coletivo. Para explorar a tecnologia simbólica, uma sociedade precisa tanto das ferramentas quanto dos hábitos processuais para usá-las de forma eficaz." (p. 307) |

A ESCRITA COMO TECNOLOGIA

A escrita é uma tecnologia? Parece não haver dúvidas sobre isso, mas é preciso avançar nos detalhes, pois a expressão "tecnologia intelectual" (ou "espiritual") não diz quase nada. Que tipo de tecnologia ela é?

Vamos refletir um pouco mais sobre isso com a ajuda de Luciano Floridi,[3] que distingue três tipos de tecnologias. A mais básica pode ser vista em objetos simples do cotidiano, como sapatos, roupas e chapéus, artefatos que interpomos entre a gente e o mundo natural. Fabricamos essas coisas para nos proteger do ambiente natural, pois pisar no chão com os pés nus nos machuca, o frio nos congela, o sol queima o rosto. Floridi usa a expressão "tecnologias de primeira ordem" para indicar os artefatos que criamos em função de nossa relação com a natureza. Os exemplos incluem casas, machados, lanças, arcos e flechas, espingardas, que são coisas mais complexas do que uma vara pontuda, mas que podem ser consideradas como tecnologias de primeira ordem, pois se enquadram na definição de artefatos que interpomos entre a gente e o mundo.

A seguir, temos as tecnologias de segunda ordem. Elas incluem os artefatos criados em função de uma tecnologia já existente. É o mundo das ferramentas que manipulam outras, incluindo os motores. A tecnologia de primeira ordem, como a do machado, está entre nós e a árvore; o machado, no entanto, perde o fio com o uso e precisa ser afiado. Para isso, nos servimos de pedras de amolar e limas. A primeira tecnologia está diretamente relacionada com a natureza; e a segunda, com a primeira: A chave de fenda somente faz sentido se existir o parafuso. Ela é uma tecnologia criada em função de outra. Os motores, de qualquer tipo, são criados para mover outras tecnologias, como moedores, polias e rodas.

Uma consequência da distinção entre as tecnologias de primeira e de segunda ordem é que não devemos usar o conceito de "ferramenta" sem considerar essa conceituação. Pense na diferença entre o machado e a lima. Ambos são ferramentas, mas pertencem a dois âmbitos diferentes. O machado aponta para a madeira, a lima aponta para o machado. "Ferramenta" é algo que vem em muitos tipos. Os motores à combustão, elétricos, a vapor, são ferramentas, mas hoje falamos também em "motores de busca" na internet, e isso inclui algoritmos, softwares, aplicativos. Isso nos leva ao nível seguinte, as tecnologias de terceira ordem. Nesse caso, temos as *tecnologias que ligam tecnologias a outras tecnologias*. Um bom exemplo são os automóveis que dispensam motoristas e a "internet das coisas". O automóvel autônomo é uma tecnologia cujo funcionamento depende de outras, e todas elas, por assim dizer, nos dispensam depois de fabricadas. Há um sistema de computação no automóvel que está ligado a softwares de orientação e navegação, que estão ligados a estradas. O automóvel autônomo é uma tecnologia que está ligada, por meio de tecnologias, a outras tecnologias.

Nessas distinções é essencial a ênfase no "estar entre". Uma tecnologia é sempre algo que "está entre" os usuários (humanos ou não) e uma situação que exige aquela tecnologia. E, dependendo do contexto, o mesmo instrumento pode ter o papel de tecnologia de primeira, de segunda ou de terceira ordem. O relógio, por exemplo, quando é usado apenas para mostrar as horas, é um caso de uso de primeira ordem, pois ele está entre nós e o tempo. Mas quando ele é usado para marcar o tempo de cozimento das batatas, temos um caso de tecnologia de segunda ordem, pois ele está entre nós e uma tarefa. Ao instalarmos cronômetros dentro de máquinas, seja em um motor, para avisar o momento da manutenção obrigatória, seja em um computador, para iniciar certa operação, ele funciona como uma tecnologia de terceira ordem, pois está entre uma tecnologia e outra.

E o telefone? Os primeiros telefones faziam a conversão (e a reconversão) da voz humana em sinais elétricos por meio de dispositivos como membranas, bobinas, conversores e dependiam da existência de uma rede de fios entre os usuários. Ou seja, o telefone dependia de várias tecnologias; entre elas, a eletricidade, e, por isso se tratava de uma tecnologia de segunda ordem. Os primeiros telefones celulares, que surgiram com começo dos anos 1980, eram apenas telefones portáteis, um aparato um pouco mais complexo, que estava entre uma pessoa e outra. Essa simplicidade desapareceu. O *smartphone* está entre nós e o automóvel, a geladeira, o banco, o restaurante, as lojas, as repartições públicas. O que menos fazemos com ele é ligar para alguém. Podemos dizer que os telefones criados por Bell eram instrumentos que ampliavam, simultaneamente, a nossa capacidade de ação e percepção. E o que devemos dizer dos *smartphones*, que não apenas ampliam as nossas capacidades de ação e de percepção, mas que, ao fazer isso, fazem muito mais coisas: extraem informações de nós, provocam o uso reiterado deles mesmos, subtraem a nossa presença, não apenas dos outros, mas de nós mesmos? Que instrumentos são esses? Temos bons conceitos para pensar melhor sobre eles?[4]

Precisamos enriquecer a nossa compreensão da tecnologia. Uma vertente importante dessas novas compreensões da tecnologia surgiu na segunda metade do século XX, por meio de autores que colocaram em circulação expressões como "tecnologias do intelecto", "tecnologias da escrita". Eu vou argumentar que as tecnologias do intelecto devem ser vistas como um tipo especial de tecnologias de terceira ordem.

TECNOLOGIAS PRIMITIVAS E RADICAIS

Em que sentido a linguagem pode ser vista como uma tecnologia de terceira ordem? Vimos que a tecnologia é uma espécie de artefato que *está entre*: *nós e a natureza*, como o machado e a casa; nós e coisas artificiais, como a lima e a chave de fenda; *coisas artificiais e coisas artificiais*, como um software e um motor.

Vamos agora dar um passo adiante. É igualmente razoável pensar que a linguagem, falada e escrita, pode ser vista como algo que está *entre nós e nós mesmos, entre nós e as demais coisas*, naturais, artificiais e, principalmente, *imaginárias*. A relação de uma pessoa com outra depende essencialmente da linguagem, e a mesma coisa se passa com a nossa relação com o mundo. O mesmo vale para a nossa relação conosco, que somos com quem mais falamos. A língua *está entre nós e nós mesmos*.

A fala e a escrita são tecnologias primitivas e sofisticadas, ao mesmo tempo. Dizer que ambas são tecnologias pode criar uma confusão. A fala não parece ser uma tecnologia, uma invenção, pois o aprendizado dela parece não parece envolver esforços. Mas isso é um equívoco, e não apenas por haver muito esforço envolvido na aquisição da fala; é preciso muito esforço para seguirmos falando como se espera que isso seja feito.

Uma língua natural é um sistema de símbolos, que são mediações criadas por nós, e a segmentação do som que fazemos com nosso aparelho fonador é, na verdade, um sofisticado procedimento de digitalização do contínuo sonoro. A fala humana é um procedimento de tipo digital. É uma tecnologia primitiva e radical. Está na raiz da humanidade.

Vou usar a expressão "tecnologia do intelecto" para indicar essa forma surpreendente de tecnologia de terceira ordem. A linguagem humana (simbólica, articulada, proposicional) é *primitiva* no sentido em que é constituidora do *homo sapiens*, e *radical*, está na raiz de todas as demais tecnologias. Isso pode parecer estranho; afinal, estamos acostumados a ver a linguagem como uma forma básica de conexão com o mundo, com as coisas, conosco mesmos.[5] Habituamo-nos a pensar na linguagem como um conjunto de convenções que está entre nós e a realidade. Isso é uma pequena parte da verdade. A *linguagem está também entre nós e nós mesmos*. Vivemos nela.

Podemos pensar sobre o que fazer, (*como, quando, com quem etc.*) porque, com a língua que falamos, conseguimos articular pensamentos, mesmo que em silêncio, dizemos coisas para nós mesmos com as quais nem sempre concordamos. Cada um de nós é uma obra em andamento, que, por mais acabada que seja, carece de manutenção diária. Precisamos renovar diariamente os votos que nos mantêm em respeito. A linguagem está, em primeiro lugar, entre nós e nós mesmos.

Nas palavras de Hegel, a linguagem é o elemento mais digno da representação espiritual.[6] Ele esteve perto de dizer que a palavra humana é uma tecnologia espiritual de terceira ordem.

OS EXERCÍCIOS ESPIRITUAIS

A noção de "exercício espiritual" tornou-se conhecida por meio do filósofo Pierre Hadot. Seu ponto de partida é a distinção entre a filosofia como uma forma de viver e como uma investigação acadêmica, baseada na exegese de textos e no estudo de teorias. Para os estoicos e epicuristas, a filosofia pode ser um conjunto de exercícios praticado por quem procura um maior conhecimento de si, uma visão mais completa da vida, alguma paz e liberdade interior, diante de desejos desordenados de prestígio e riqueza e "medos exagerados da própria vida e da morte".[7] Há, claramente, um paralelo com os exercícios corporais. Se estes garantem o vigor e a transformação do corpo, os exercícios espirituais podem evitar a degradação da vida do espírito.[8]

A literatura cristã, desde seus começos, usa a expressão "exercício espiritual" para designar práticas de elevação. A palavra "espiritual", nesse contexto, é aplicada ao indivíduo como um ser que possui não apenas as capacidades de pensamento, percepção e sentimento, mas, também, as de desejo, memória, imaginação. Assim, "espiritual" aponta não apenas os aspectos particulares e subjetivos de cada um de nós, mas também a nossa inserção naquilo que Hegel chama de "espírito objetivo"; o estoque dos tesouros culturais que estão muito além de nossas limitações subjetivas. Essa dimensão objetiva é representada pelas realizações artísticas, científicas, intelectuais, religiosas, civilizatórias. Entre essa dimensão, que nos ultrapassa, e a nossa vida subjetiva, particular, há tensões. Como diz a expressão popular, para baixo, todo santo ajuda, para cima, a coisa toda muda.[9]

Esse aspecto do conceito de espírito não pertence a uma tradição religiosa particular. É certo que as religiões se servem dele, mas as pessoas desprovidas de convicções religiosas fazem a mesma coisa. O conceito de espírito, como sugerido, é ainda mais importante para os ateus, os agnósticos e os distraídos em geral. Como disse Santo Agostinho, "ninguém se deve ter por seguro nesta vida, que toda ela se chama tentação".[10] Podemos ser um pouco melhor do que somos e sempre cair um pouco mais. Ceder a impulsos, agir impensadamente, deixar-se vencer pela preguiça, faltar com a atenção não são privilégios de ninguém. O exemplo de degradação espiritual mais lembrado nos dias de hoje é o rapto da atenção pelos algoritmos. O extravio desta é uma espécie de perda de si; o rolamento de telas é, literalmente, um lugar de perdição.

O exercício espiritual, mais citado na bibliografia religiosa e nos estudos leigos, consiste em "prestar atenção": estar *presente*, ocupado apenas com o objeto da nossa atenção. Não há condição mais preciosa do que essa na sala de aula. Prestar atenção é uma condição básica nas atividades escolares. Quando precisamos escutar alguém ou algo, ler um texto um pouco mais longo, acompanhar uma demonstração, a condição disso é que consigamos permanecer imóveis e em silêncio durante algum tempo. Isso não é fácil. Não é nem um pouco fácil acompanhar a exposição de um assunto novo para nós. A *perda de atenção* pode ocorrer em poucos segundos.

Como podemos treinar a capacidade de prestar atenção? Como "prender a atenção" de nossos alunos? Uma coisa leva a outra. Vale lembrar aqui uma estratégia usada por William James. Ele costumava fazer longas exposições para seus alunos. Sabendo que eles facilmente se distraíam e perdiam o fio dos argumentos, ele ligava as coisas novas que estava apresentando ao que os alunos já sabiam. A segunda providência dele era pedir que os estudantes repetissem, em um discurso interno, como se fosse um eco, o que ele dizia.[11] A educação da capacidade de prestar atenção, diz James, "é a educação *par excellence*".

É mais fácil definir esse ideal do que realizá-lo. "A única máxima pedagógica geral que merece atenção é que quanto mais interesse a criança tiver antecipadamente no assunto, melhor ela prestará atenção."[12] Assim, diz James, o professor deve investigar o universo de referência da criança, para poder ligar as coisas novas com aquilo que é conhecido. Temos que imaginar as perguntas que a criança está se fazendo, para que as novidades que introduzimos pareçam ser a resposta que ela procura. Fazendo isso, despertamos e *mantemos* a curiosidade das crianças. A didática é um campo de exercícios espirituais.

Segundo Inácio de Loyola, o fundador da Ordem dos Jesuítas e autor do mais famoso livro sobre o tema,[13] os exercícios espirituais incluem o exame de consciência, a meditação, a contemplação, a oração em voz alta ou interior e outras atividades. Caminhar e correr mantêm a forma do corpo. De maneira semelhante, o exercício espiritual nos ajuda a lidar melhor com afetos e pensamentos perturbadores. Precisamos reconhecer que não temos controle sobre o que sentimos. Mais do que isso, boa parte do que pensamos escapa da nossa vontade. Temos muitos pensamentos que atravessam a nossa mente, trazendo coisas boas *e* ruins. O que podemos fazer para expulsar os pensamentos ruins e deixar os bons predominarem? Uma solução, diria James, consiste em prender nossa atenção com bons temas. A metodologia loyolana vai na mesma direção. Ela inclui a repetição das boas histórias e dos bons exemplos da tradição cristã. No centro dela, está a leitura. A boa história é aquela nos ajuda a atravessar a fome, a sede, o cansaço, a dor e a noite.

A essa altura, espero ter deixado claro que estou usando a palavra "espiritualidade" em um sentido muito amplo, que aponta para três direções. A primeira delas é a da "vida interior", a subjetividade. Uma das características dessa dimensão é a importância que concedemos para as coisas que dizemos para nós mesmos. Boa parte do tempo, dizemos algo para nós mesmos. Estamos, a toda hora, nos encorajando ou recriminando, nos reconfortando ou nos condenando. Podemos incluir nessa dimensão palavras, ditados, orações, mantras, ditados, todo o estoque de ideias encorajadoras que repetimos para nós mesmos sempre que precisamos. Todo dia.

Essa dinâmica entre a gravidade da vida e a graça do espírito está guardada nos tesouros culturais, nos escritos que são considerados valiosos por uma comunidade, e esse é o outro âmbito do que venho chamando de "espiritual". Se a primeira dimensão aponta para um "espírito subjetivo", aqui nos referimos a um "espírito objetivo". Não tiramos do nada as palavras que usamos para navegar nas dificuldades da vida. Estas vivem em livros, em tradições culturais, em religiões, em filosofias milenares.

A terceira dimensão abrange as formas mediante as quais essas duas primeiras – subjetiva e objetiva – integram-se em uma terceira, a saber, o momento no qual saímos do casulo subjetivo e revivemos uma certa tradição cultural e comunitária. É a dimensão dos rituais e das práticas; o momento no qual furamos a bolha da subjetividade e nos conectamos com algo maior do que cada um de nós, individualmente. Essa saída de si mesmo é inevitável. Ela está ligada a pequenos hábitos de generosidade e compaixão, como dar "bom-dia" e sorrir para um desconhecido. São formas da subjetividade essencialmente ligadas aos outros dois momentos do espírito. Temos compaixão e somos generosos (ou o contrário disso) em relação a pessoas, coisas e situações que estão *objetivamente* diante de nós.[14]

O que nos interessa aqui é a prática da leitura. Ela ocupa um lugar central nos exercícios espirituais. Vamos lembrar que não é preciso letramento para ouvir a chuva caindo e para ver a luz do sol surgir na linha do horizonte. Sem letramento, no entanto, uma escrita qualquer é apenas um rabisco. O letramento se origina na cultura, por meio do aprendizado de convenções, num processo demorado. "Nós não nascemos para ler", lembrou Marianne Wolf.[15] O domínio dessa habilidade depende de capacidades e condições naturais, como a visão, a audição, luz, sinais, espaço, tempo. Mas o surgimento dos códigos linguísticos demorou séculos e exigiu, como lembra Wolf, até mesmo, novas configurações de nosso cérebro. A habilidade da leitura depende do treinamento de nossa capacidade de prestar atenção. Goethe disse que passou a vida aprendendo a ler: "As pessoas não sabem quanto custa em tempo e esforço aprender a ler. Precisei de oitenta anos para tanto e sequer sou capaz de dizer se tive sucesso".[16]

A prática da leitura preenche as três dimensões do espírito: a subjetiva; a objetiva e a ritualística. Ela está ligada ao domínio que temos de uma língua natural. Mas o português que falamos de berço nunca é mais do que um pedacinho de algo muito grande; por vezes, pode ser apenas rude, tosco, um arremedo da língua. A prática da leitura nos transporta para outra paisagem, rica e nuançada, e mostra possibilidades que não imaginávamos. Para que isso aconteça, a leitura nos pede apenas, como ritual, um cantinho mais ou menos sossegado e um pouco de tempo. Dali a pouco, estamos noutro lugar, em outro corpo, com outras pessoas. A noção de "exercício espiritual" não é uma metáfora descabida. Não é por mero acaso histórico que as religiões e tradições espirituais que se fixaram a partir do período axial estão ligadas a fontes escritas.

LINGUAGEM, FERRAMENTA E INSTRUMENTO

Quero lembrar agora a distinção que fiz, anteriormente, entre ferramentas e instrumentos. Vimos que as *ferramentas* podem ser compreendidas como ligadas ao nosso corpo enquanto meio de incrementar nossa *ação* no mundo; um martelo amplia a nossa capacidade de quebrar coisas; já os *instrumentos* podem ser vistos como meios de ampliar a nossa *percepção* do mundo, como no caso dos instrumentos de medir (níveis, esquadros, trenas, lentes, recipientes etc.).

A linguagem é uma ferramenta, um instrumento? Ela parece ser uma ferramenta, pois amplia a nossa ação no mundo: fazemos coisas como votos, promessas, contratos, juramentos, desculpas, súplicas, descrições, batismos, maldições, condenações, declarações de amor, apostas, mentiras; também aconselhamos, admitimos, advertimos, afirmamos, agradecemos, anunciamos, aprovamos, concedemos, conferimos, confirmamos, desafiamos, mencionamos, negamos, nomeamos, oferecemos, ordenamos, perdoamos, perguntamos, proclamamos, recomendamos, recusamos, solicitamos, subornamos: cada uma dessas expressões pode ser usada para nos responsabilizar juridicamente, pois são coisas que fazemos, ações. Dizer é fazer. Nossa palavra é o nosso penhor.[17]

A linguagem parece ser um instrumento. Ela amplia a nossa *percepção* do mundo. Sem ela, não podemos criar conceitos, teorias, explicações, visões e imaginações que levam o nosso entendimento para muito além daquilo que vemos *com os olhos da cara*. As teorias e os conceitos são instrumentos à serviço de nossas capacidades cognitivas. A linguagem é, portanto, ação *e* compreensão, e está sempre ancorada em nosso corpo. Ela é, como já lembrei, a maior tecnologia criada em toda a nossa história. Sem ela, não há religião, filosofia, arte e ciência. Na linguagem temos os conceitos, que são instrumentos de classificação. É por meio deles que organizamos um pouco o ambiente em que vivemos. O principal momento de organização conceitual ligado ao espírito, como já sugeri, foi a era axial. É nela que podemos encontrar três grandes conceituações, consideradas como as nossas maiores conquistas cognitivas: a primeira delas foi a referência a um ponto de fuga transcendente; a segunda, a obtenção de um ponto de vista universalista; terceira, a criação do conceito de pessoa, individualmente considerada, como um agente de liberdade e responsabilidade social.[18]

Nem tudo é o que parece. Mais do que uma ferramenta, mais do que um instrumento, a linguagem é uma espécie de meio-ambiente. Não podemos deixá-la guardada, distante de nós, como fazemos com o martelo e os óculos. Nós vivemos nela. Ela faz parte das coisas humanas que não são boas nem ruins; apenas nos constituem.

Em *A Raposa e as uvas*, de Guilherme Figueiredo, há um diálogo sobre a língua entre o filósofo Xantós e o escravo Esopo. Este serve um prato de língua para o filósofo e justifica sua escolha, dizendo que se trata da melhor comida que existe, semelhante às virtudes da língua falada. Esopo faz esse elogio:

> Que há de melhor do que a língua? A língua é que nos une todos, quando falamos. Sem a língua nada poderíamos dizer. A língua é a chave das ciências, o órgão da verdade e da razão. Graças a língua é que

se constroem as cidades, graças a língua dizemos o nosso amor. Com a língua se ensina, se persuade, se instrui, se reza, se explica, se canta, se descreve, se elogia, se demonstra, se afirma. É com a língua que tu dizes "mãe", e "querida" e "Deus". É com a língua que dizemos "sim". É a língua que ordena os exércitos a vitória, é a língua que desdobra os versos de Homero. A língua cria o mundo de Ésquilo, a palavra de Demóstenes. Toda a Grécia, Xantós, das colunas do Partenon às estátuas de Fídias, dos deuses do Olimpo a glória sobre Troia, da ode do poeta ao ensinamento do filósofo, toda a Grécia foi feita com a língua, a língua de belos gregos claros falando para a eternidade.[19]

Depois de ouvir esse elogio à língua, Xantós, interessado na sabedoria demonstrada por Esopo, pede que ele traga do mercado o pior alimento. Momentos depois, este retorna com mais um prato de língua, com a seguinte justificação:

A língua, Senhor, é o que há de pior no mundo. É a fonte de todas as intrigas, o início de todos os processos, a mãe de todas as discussões. É a língua que usam os maus poetas que nos fatigam na praça, é a língua que usam os filósofos que não sabem pensar. E a língua que mente, que esconde, que tergiversa, que blasfema, que insulta, que se acovarda, que mendiga, que impreca, que bajula, que destrói, que calunia, que vende, que seduz, que corrompe. É com a língua que dizemos "morre" e "canalha" e "corja". É com a língua que dizemos "não". Com a língua Aquiles mostrou a sua cólera, com a língua Ulisses tramava seus ardis. Com a língua a Grécia vai tumultuar os pobres cérebros humanos para toda a eternidade. Aí está, Xantós, porque a língua é a pior de todas as coisas.[20]

A linguagem é um meio que não se confunde com os instrumentos e as ferramentas. É o meio-ambiente onde vivemos. Não é nem boa nem ruim, como sugere o paradoxo de Esopo. É o que somos; é o que temos.

EM RESUMO

Neste capítulo, eu retomei a abordagem sobre a escola como espaço de espiritualidade. Essa dimensão escolar é especialmente relevante no contexto dos desafios criados pelas tecnologias digitais. Após um longo período de desvalorização da escola, vivemos um momento em que a instituição escolar pode ser reconhecida como um espaço fundamental para a restauração da saúde mental das crianças, degradada pelo uso intensivo de *smartphones* e redes sociais.

A escola representa um contraponto ao mundo virtual: nela, as vivências são síncronas, as comunicações incluem a corporalidade, os rituais de fala e escuta são presenciais, e a capacidade de foco e atenção é exercitada em ritmos mais extensos. A escola pode ser vista como um espaço de práticas formativo-espirituais, onde a criança encontra regras claras e impessoais, direitos e deveres, e uma "sacralidade compartilhada".

Para compreender adequadamente essa dimensão espiritual da escola, precisamos refinar nossa compreensão do que são as tecnologias. Sugeri uma classificação em três ordens: as tecnologias de primeira ordem (como roupas e ferramentas básicas), que medeiam nossa relação com a natureza; as de segunda ordem (como as ferramentas que consertam outras ferramentas), com outras tecnologias; e as de terceira ordem (como os sistemas autônomos e a internet das coisas) conectam tecnologias entre si.

A linguagem humana, especialmente em sua forma escrita, representa um caso especial de tecnologia de terceira ordem – a mais primitiva e, ao mesmo tempo, a mais sofisticada de todas. Ela está não apenas entre nós e o mundo, mas entre nós e nós mesmos. Como observou Marshall McLuhan, a escrita fonética foi a maior e mais disruptiva tecnologia criada pela humanidade. A linguagem é simultaneamente meio, ferramenta e instrumento.

Nesse contexto, a escola se revela como espaço privilegiado para os "exercícios espirituais" – conceito que tomo emprestado de Pierre Hadot. O exercício espiritual mais fundamental é o de "prestar atenção": estar presente, concentrado, imerso no objeto de estudo. A educação da capacidade de atenção, como notou William James, "é a educação *par excellence*".

A prática da leitura ocupa um lugar central nesses exercícios espirituais, abrangendo três dimensões que identifiquei para a espiritualidade: a dimensão subjetiva (a nossa vida interior), a dimensão objetiva (o acervo cultural compartilhado) e a dimensão ritualística (a conexão comunitária). O letramento não é natural – "nós não nascemos para ler", como lembra Marianne Wolf – e exige um processo demorado de aprendizagem que reconfigura nosso próprio cérebro.

Em última análise, a escola proporciona às crianças a experiência formativa das três grandes conquistas cognitivas da era axial: a referência a um ponto de fuga transcendente, a obtenção de um ponto de vista universalista, e a criação do conceito de pessoa como agente de liberdade e responsabilidade social.

Notas

[1] Simondon, 2020, p. 181.

[2] Exemplos disso podem ser encontrados nos livros de Harold Innis (2011 [1951]) André Leroi-Gourhan (1984 [1964]) Marshall McLuhan (2007 [1964]), Lewis Mumford (2003 [1967]), Jack Goody (2006 [1963], 2012 [1977]), M. T. Clanchy (2013 [1979]), Walter Ong (2011 [1982]), Eric Havelock (1982), David Olson (1997 [1994]), Roy Harris (1995) e outros.

[3] Floridi, 2014.

[4] O debate sobre as redes sociais e os telefones celulares trouxe a questão dos efeitos colaterais das tecnologias na sociedade. As tecnologias de comunicação trouxeram consigo impactos não previstos, ligados ao seu modo de funcionamento. Uma das primeiras e mais conhecidas versões desse debate foi popularizada no slogan "o meio é a mensagem", ou, mais radicalmente, "o meio é a massagem". A reflexão sobre a tecnologia desenvolvida por Karl Jaspers nos anos 1940 antecipou esse assunto. Em *Origem e meta da história*, Jaspers abordou as consequências da invenção da escrita e dos meios de comunicação, que trouxeram para nós "uma quase ubiquidade". Os meios técnicos, diz ele, não são apenas meios, mas realidades que transformam o ambiente humano, o âmbito da vida espiritual.

[5] Há outras formas, igualmente básicas: somos um corpo no mundo, temos percepções do mundo. Voltarei a esse tema mais adiante, no capítulo "Pessoas e vontades".

[6] Ele diz isso na *Filosofia do Direito*, quando se refere aos contratos (de casamento, de compra e venda etc.). No parágrafo 78, ele escreve: "a linguagem é o elemento mais digno para a representação espiritual"; no parágrafo 164 ele vai na mesma direção, quando escreve que "a linguagem é o elemento mais espiritual daquilo que é espiritual".

[7] Veja Hadot, 2014. p. 22.

[8] A conceituação do adjetivo "espiritual" é difícil. A expressão era corrente nos documentos que registram o surgimento da Liga Internacional para uma Nova Educação, no começo do século XX. O princípio fundamental do movimento foi assim descrito: "O objetivo essencial de toda educação é preparar a criança para desejar e realizar, em sua vida, a supremacia do espírito; portanto, independentemente do ponto de vista do educador, ela deve visar a preservar e aumentar a energia espiritual na criança; ela deve respeitar a individualidade da criança. Esta individualidade não pode se desenvolver senão mediante uma disciplina que conduz à liberação das potências espirituais que estão nela". O pedagogo suíço Adolphe Ferrière (1879-1960), um dos fundadores da Escola Nova, afirmou que o professor podia ser comparado a um sacerdote. "O trabalho do educador tem sido comparado a um sacerdócio. A ideia de religião, a ideia de sacrifício, a ideia de devoção

absoluta. Existe uma época na qual, mais do que na nossa, essa comparação é bem fundamentada? Existe uma função mais "religiosa" no sentido universal do termo do que aquela que consiste em unir, para o bem da humanidade de amanhã, intuição e razão, em iluminar a intuição primitiva pela intuição reflexiva e em prolongar a razão por uma intuição que a ultrapassa?" A "nova era" da educação falava com naturalidade em "espírito". Ver *Pour L'Ère Nouvelle. Revue Internationale D'Éducation Nouvelle.* Janvier, 1922, n. 1.

[9] Weil, 1993. Veja a letra da canção escrita por Ary Barroso e tornada famosa por Carmen Miranda, "Como vaes você": "Como vaes você? Vou navegando, Vou temperando, Pra baixo todo santo ajuda, Pra cima a coisa toda muda".

[10] Agostinho, 1990, p. 250.

[11] James, 1989, p. 358.

[12] Idem, ibidem, p. 338.

[13] Há uma edição brasileira, pela Edições Loyola: *Escritos de Santo Inácio de Loyola: exercícios espirituais.*

[14] Sempre estamos imersos em uma dimensão espiritual particular, mesmo que isso não seja claro para nós. Há tradições espirituais bem definidas, ligadas a uma religiosidade particular. Mas mesmo os leigos, os ateus, os agnósticos e os extraviados em geral, quando nos defrontamos com os desafios trazidos pela nossa finitude e seus sofrimentos, com os desafios do mundo externo, precisamos ter uma maneira de lidar com isso. A mais leiga das espiritualidades humanas não dispensa conceitos e valores para a lida da vida. Como disse Goethe, as ciências e as artes possuem algo de religião. A pessoa desprovida de qualquer ciência ou arte ou religião, como sugerem as estatísticas, costuma recorrer a substâncias dessensibilizadoras. A novidade trazida pelas redes sociais é que agora podemos fazer isso rolando telas.

[15] Wolf, 2024, p. 19.

[16] Cf. Hadot, 2014, p. 66.

[17] Austin, 1990.

[18] Habermas, 2023.

[19] Figueiredo, 1964, p. 79.

[20] Idem, ibidem, p. 80.

A ESPIRITUALIDADE NA ESCOLA

> "[...] educar consiste também em enunciados, ações e respostas regidas por uma prática na qual se articula uma relação, distinta de todas as outras: a relação de professores e educandos. E o que se aprende nessa transação são linguagens de autorrevelação e auto encenação; não aquilo que se deve fazer ou dizer, mas a arte de ser um agente." (Michael Oakeshott, 2003)

A palavra "espiritualidade", na tradição de pensamento que estou seguindo, aponta para o conjunto de atitudes e situações nas quais procuramos nos elevar sobre as motivações egoístas, particulares, subjetivas. Chegamos a essas atitudes por meio da formação de hábitos, por meio de práticas e rituais, em um movimento autotranscendente, compartilhado e orientado por valores que supõem um ponto de vista mais amplo e moralmente alargado. "Espiritualidade" designa menos um estado ou uma substância e mais um *processo* de elevação e nosso lugar nele.

A tradição filosófica situa o espírito na esfera do "nós". Não temos espírito do mesmo modo que temos corpo ou alma. "O espírito é a esfera em virtude da qual vivemos como pessoas."[1]

Eu disse no começo deste livro que a escola é um espaço de espiritualidade. Se a ideia de elevação é central para a noção de espiritualidade, preciso agora mostrar que a escola é um espaço de elevação: em relação à família, ao mundo da oralidade, em direção a uma conversação e uma participação ampliada no mundo e na vida.

Onde podemos encontrar alguma mostra disso, na escola?

Vou começar pela prosaica ficha de notas escolares de uma criança. No encontro de final de ano com minha neta, ela mostrou o boletim, contente por ter sido bem aprovada na quarta série. Junto ao boletim havia uma ficha de autoavaliação sobre os aprendizados e aproveitamentos no último trimestre. A ficha pedia que as respostas fossem dadas "com o máximo de autorreflexão que conseguir". Foi a minha vez de ficar contente, ao ver que as crianças deviam estar familiarizadas com o conceito de "autorreflexão". Não é pouca coisa, pensei.

Os tópicos eram os seguintes:

- participação nas aulas;
- contribuição pessoal e acolhimento de opiniões diferentes;
- disposição para escuta e troca de turnos nas conversas;
- respeito às combinações da escola;
- relacionamento respeitoso com todos e capacidade de fazer acordos;
- organização pessoal e responsabilidade com os materiais pessoais e da escola;
- realização das tarefas nos prazos previstos;
- cuidado no uso do uniforme escolar.

A ficha pedia que a criança assinalasse se conseguia atender o item "quase sempre ou sempre" ou se "ainda precisa de ajuda". A ficha pedia, ainda, que a criança dissesse o que gostou no trimestre e quais as expectativas dela para o próximo ano letivo.

Minha neta admitiu que ainda precisava de ajuda para participar mais nas aulas e contribuir com suas ideias. Nos demais itens, ela concluiu que conseguia quase sempre ou sempre. Eu acompanho tanto quanto posso a vida escolar dela, e achei que a autorreflexão estava boa.

Quais são os valores promovidos nessa ficha de autorreflexão? O valor central parece ser o do *respeito*: pelas pessoas, pela opinião dos outros, pelas regras combinadas, respeito por si mesma. Outro valor pressuposto no questionário é o domínio e o cuidado de si: esperar a vez de falar, saber escutar o outro, cuidar dos materiais escolares, das tarefas e compromissos, do uniforme.

O respeito é um valor espiritual que, ao ser promovido pela escola, assume um novo significado para as crianças. Até antes de entrar na escola, as atitudes de respeito delas costumam ter como referência a autoridade dos pais e cuidadores. A escola surge na vida das crianças como uma instituição que reforça e amplia um ponto de vista moral, universalista e transcendente, que se materializa na forma de uma regra de ouro: respeitar para ser respeitado. O respeito agora é um valor que transcende o limite da voz dos pais.

A "regra de ouro" é um princípio ético, uma norma básica de reciprocidade, um princípio de empatia e de respeito mútuo partilhado por muitas culturas. Ela se resume na ideia de que devemos tratar os outros como gostaríamos de ser tratados. O reforço que a escola dá para a validade da regra de ouro é uma referência importante na vida da criança, para a valorização de uma dimensão moral universalista, abstrata. A escola amplia a regra de ouro mediante a explicitação de normas de convivência que são amparadas nela, e explicita as obrigações negativas, que dizem o que não deve ser feito, bem como as positivas, que dizem o que se espera que a criança faça e as normas de cooperação. A regra de ouro faz parte de nossa moralidade básica. Ela desafia a criança a dar um passo adiante na compreensão e vivência de regras abstratas e generalizadoras que não estão baseadas na autoridade caseira, da família. A escola faz parte da dimensão objetiva do espírito. Ela amplia o ambiente de formação moral. A ficha de autorreflexão que a criança preenche é tudo isso e mais um pouco. É uma atividade que faz a criança pensar sobre si mesma em relação com essa moralidade ampliada.

O REAL E O VIRTUAL

Antes de abordar o tema dos aspectos espirituais da escola, vamos refletir um pouco mais sobre a questão das diferenças entre o mundo real e o mundo virtual.

Por mais sofisticado que seja o mundo virtual, que inclui coisas, as cripto-moedas e a realidade aumentada, a condição necessária para a existência dessas entidades é um conjunto de inventos e revoluções tecnológicas que começam com a Matemática e incluem a eletricidade. O mundo virtual é um caso típico de tecnologia de terceira ordem, que está entre uma tecnologia e outra.

Do ponto de vista da experiência cotidiana, os objetos tridimensionais ocupam uma posição privilegiada em nossa definição do que é a "realidade"; afinal, eles constituem a maior parte de nossa experiência cotidiana tangível. Tocamos, vemos e manipulamos objetos que ocupam espaço em três dimensões. Mas também vemos desenhos, fotografias, pinturas, mapas e telas, que são bidimensionais ou unidimensionais, como a linha desenhada em uma superfície qualquer. Assim, em um sentido amplo, o que chamamos de "real" é tudo aquilo que tem ao menos uma dimensão, como a linha desenhada no papel. Resta a difícil questão das "realidades subjetivas", as vivências mentais, emoções e pensamentos, que são aspectos da realidade, mas que não possuem dimensionalidade no sentido convencional. Nessa conversa sobre a dimensão espiritual da escola, vou me ater à essa compreensão cotidiana, que confere à tridimensionalidade um papel central em nossas experiências de vida.

Até pouco tempo atrás, era possível dizer que o virtual se resumia ao que vemos em telas. Com o surgimento de tecnologias e interfaces que conectam o corpo humano aos computadores, com as realidades virtuais aumentadas e simuladas, existe agora o que pode ser chamado de "tridi-mensionalidade virtual". Ela existe enquanto duram as baterias, enquanto a eletricidade funciona. Não faz diferença se estamos falando de telas ou de robôs sofisticados. Toda e qualquer inovação que um robô ou a me-lhor das IAs é capaz de fazer, por mais "criativa" que seja, está baseada na programação e no treinamento que recebeu. A capacidade de criação que esses artefatos possuem não transcende o horizonte previsto no desenho do software. A inteligência artificial não tem sombra e não sonha; apenas alucina. A Mona Lisa não tem nuca. Há algo em comum entre as duas.

Conhecemos o rosto da Mona Lisa, mas não temos a menor ideia de sua nuca. Ela é uma criatura bidimensional, um significado que não tem referência no mundo.

O "real", nesse sentido preciso, é o espaço tridimensional. É evidente que há mais coisas que podemos chamar de "reais" e que não são tridimensionais, como números, figuras geométricas, instituições, mas podemos deixar isso de lado agora,[2] para examinar apenas as quatro categorias que Haidt sugeriu na reflexão sobre as diferenças entre o real e o virtual: a *espacialidade*; a *temporalida*de; a *comunicação* e a *vida comunitária*.

Quanto à espacialidade, vou me ater ao que já falei sobre a nuca da Mona Lisa. A condição humana é a de criaturas com os pés em um *aqui* e *agora*, em algum *lugar* que pode ser rodeado. No universo das redes sociais, o espaço e o relacionamento baseados em corpos tridimensionais são irrelevantes. A terra virtual é plana. No que diz respeito à vivência do tempo, a distinção segue a mesma linha. A sincronicidade é a condição das relações humanas, as quais ocorrem em tempo real, em variedades e sutilezas inumeráveis. No mundo virtual, predomina a baixa sincronicidade. Se no mundo real a comunicação é de um para um ou de um para alguns, no mundo virtual – especialmente nas redes sociais – predomina a comunicação de um para muitos e o público é apenas potencial. Pode haver chuva de comentários e de *likes* imediatamente depois da postagem, ou nada acontecer.

No que diz respeito à categoria da vida comunitária, a grande diferença está no *custo de participação*. Seja o caso do bullying. Algumas crianças podem organizar um grupo de WhatsApp para falar mal de uma colega sem custo algum para elas. Bastam alguns cliques, o consentimento frouxo dos envolvidos e um pouco de crueldade. O custo de entrada e saída é baixo e descartável. O mesmo não acontece na vida real. Há sempre um custo de entrada e saída nos relacionamentos. Nada disso existe no mundo das redes e mensagens virtuais, no qual o custo do desaparecimento é nulo.

OS ASPECTOS ESPIRITUAIS DA ESCOLA

Em *A geração ansiosa* Haidt indicou seis aspectos da espiritualidade: *compartilhamento de sacralidade, corporeidade, imobilidade (silêncio, foco), autotranscendência, pouca raiva e muito perdão, admiração profunda pela natureza.*

Podemos encontrar esses aspectos na escola?

Vamos começar com a sacralidade. Em que sentido a escola pode ser um lugar de *"compartilhamento de sacralidade"*? Pode haver formas de sacralidade que não são religiosas? Já vimos que sim, mas temos que fazer essa pergunta, pois nem todas as escolas se orientam por valores religiosos explícitos.

O significado de "sagrado" está contraste com "profano" e, como diz Durkheim, "não nos resta outra coisa para definir o sagrado em relação ao profano, a não ser sua heterogeneidade".[3] O sagrado e o profano parecem ser mundos separados, sem nada em comum. O sagrado é puro; o profano, sujo. O sagrado é heterogêneo, porque há coisas sagradas de todo o tipo: pessoas, lugares, ações, objetos, textos, palavras, comidas, nas circunstâncias apropriadas. O sagrado não se resume a objetos ou ações. Ele pode ser também um princípio de organização do tempo, do espaço e das relações humanas.

A ideia de ver algo de sagrado na escola não é nova. Um exemplo relativamente recente é a Escola Nova, um movimento de renovação da pedagogia encabeçado por nomes como Maria Montessori, John Dewey, Célestin Freinet e outros. Eles estavam à vontade nesse tema. Por mais que defendessem a integração da escola com a sociedade, eles nunca renunciaram a vê-la como um espaço que precisa estar adequadamente separado da sociedade, para poder cumprir sua missão. Seja o caso de uma escola ao ar livre, seja uma escola experimental, de aplicação, em prédios modestos ou imponentes, a pedagogia não renuncia à criação de lugares nos quais a interação entre os professores e os estudantes é protegida do entorno social. Entre as regras que os pais e os responsáveis cumprem, uma delas é que eles não podem entrar na sala de aula quando bem entendem.

Que tipo de lugar é a escola? Não podemos esquecer a diferença essencial entre o ambiente familiar e o escolar. A casa é um lugar de amores e humores, de aprendizagens esporádicas de todo tipo e sorte. A educação escolar representa um corte na ocasionalidade, pois, nela, as aprendizagens da criança resultam de uma iniciação deliberada, dirigida, restrita, por meio de atividades e temas que não surgem exclusivamente do interesse imediato de cada criança. Surge o "currículo", que é, no final das contas, uma espécie de guia e orientação.

A escola precisa de um lugar seu, separado e protegido do mundo cotidiano. Ela é ciosa de seu tempo e tem regras definidas de ocupação.[4] Há um contraste entre o espaço e o tempo da escola e o espaço e tempo da vida pública comum. Podemos falar em um modesto "sagrado escolar". Há um entendimento que a entrada da criança na escola significa uma autorização de cuidados que se estendem por todo o espaço e o tempo escolar. A percepção da escola como um tipo de santuário é reforçada pelo uso de símbolos de identidade institucional, como os uniformes.

Tanto quanto as igrejas, as escolas são locais de encontro, nos quais a socialização e a promoção do senso de comunidade são objetivos importantes; ambas estabelecem calendários e promovem reuniões, assembleias e cerimônias regulares. As igrejas e as escolas dirigem-se às suas comunidades internas com um senso de preocupação com o futuro de seus integrantes. Nenhuma delas dispensa algum padrão de argumentação. A nossa participação nelas inclui o atendimento a regras, rituais e práticas comunitárias "nas quais o eu desaparece e os interesses coletivos predominam".[5] O espaço da escola pode ser visto como o de compartilhamento de um sentido de sacralidade, ainda que o contraste com o "profano" seja fraco, diferentemente do que acontece na oposição religiosa entre o sagrado e o profano. Se o leitor preferir, chame isso de uma "pequena sacralidade". Ela é, certamente, bem maior do que aquela que temos em mente quando dizemos para uma pessoa, por exemplo, que o compromisso que assumimos é "sagrado", que não será confundido com a obrigação comum de pagar o aluguel mensal.

A comunidade escolar é real, presencial, e deve estar adequadamente separada da vida cotidiana. O muro que separa a escola da rua não é apenas uma medida de proteção contra a violência que pode vir de fora. O portão da escola é um portal. A comunidade escolar é composta por pessoas que estão presentes umas diante das outras, no espaço e no tempo, e que fazem coisas juntas. Se nas igrejas as pessoas cantam, ajoelham e rodopiam, na escola elas se agrupam e se movimentam de acordo com regras previamente combinadas, que preveem momentos de todos os tipos, desde a efervescência do recreio até o silêncio e a imobilidade. As escolas tendem ao uso de uniformes, o que facilita a percepção de uma nova identidade que está ligada àquele espaço particular. Da mesma forma que nas igrejas, a escola prevê momentos de *imobilidade, silêncio e foco*. As rotinas escolares não são apenas pequenas regras práticas de organização na escola. Elas são autênticos *objetos de transição*, no sentido psicológico: meios que amenizam a ansiedade natural das crianças. São referências e defesas que a escola oferece para que a criança lide melhor com um ambiente de socialização novo.

A imobilidade é essencial para o "prestar atenção" em companhia de outros, nas atividades de leitura e audição. O aprendizado da leitura requer um tipo de concentração superior aos poucos segundos que precisamos para assistir a um vídeo engraçado no Tik-Tok. A imobilidade física é apenas uma parte do autocontrole necessário para o mergulho no mundo da palavra, da frase, do parágrafo e, finalmente, da página. Nada disso é intuitivo; tudo exige um tempo diferente daquele que a criança está habituada no mundo das telas. A mente que lê é diferente da que vê. A leitura é digital, discreta, e avança aos poucos, de pequenas unidades em pequenas unidades, até um sentido mais abrangente. No TikTok, tudo se resolve em poucos segundos, em cenas curtíssimas que logo se encerram, para que um novo ciclo comece, em outro que pode durar horas. É um outro tipo de imobilidade, que não deixa nada depois de terminar. Os professores conhecem bem a reação de enfado da maioria das crianças quando é pedido a elas que leiam uma página. A criança, agora já um adolescente, depois de acostumada ao universo audiovisual pré-Gutemberg, tem dificuldade em mudar o padrão de atenção.

Surge aqui uma crítica constantemente repetida, que diz que a escola é um espaço de disciplinamento e docilização das crianças, que são obrigadas a obedecer e ficar sentadas em fileiras durante anos.[6] A pedagogia foi muito disso, ou mesmo *muito* mais do que isso, como se pode ver nas páginas terríveis do livro de Alice Miller, *No princípio era a educação*.

Miller lembra que a pedagogia, desde seus começos em Rousseau, tem uma dimensão manipuladora que se acentuou com os séculos.[7] Ela afirma que não pode atribuir à palavra "educação", na forma como foi pensada na maior parte de sua história moderna, *nenhum* sentido positivo. "Vejo nela a legítima defesa do adulto, a manipulação oriunda da própria falta de liberdade e da insegurança."[8] A pedagogia (como a que foi defendida pela Escola Nova), precisa dar atenção à criança, respeitar seus direitos, ter tolerância e mostrar disposição para aprender com ela. Ao falar sobre os objetivos espirituais de uma boa escola, Miller seleciona a promoção dos valores morais e espirituais da *atenção*, do *respeito* e da *tolerância*.

A questão que importa aqui é o reconhecimento de que há formas de disciplina que fazem parte essencial do processo educativo. Temos aqui mais uma semelhança com as práticas religiosas. A escola cultiva e incentiva um pequeno ascetismo que nem sempre reconhecemos. Vou dar alguns exemplos.

- Não se diz qualquer coisa, para qualquer pessoa, a qualquer momento.
- Há horas na escola.
- Não se come qualquer coisa a qualquer momento.
- Não se entra nos espaços da escola e sai deles a qualquer pretexto, a qualquer momento.
- As pessoas dirigem-se umas às outras de acordo com certas combinações, e os pequenos rituais dos cumprimentos e saudações diárias são incentivados.

Os uniformes escolares são mais do que facilitadores de identidade para fins controle e segurança, eles ajudam a sinalizar a escola como uma comunidade. O uso do uniforme pode ser uma oportunidade de prática de modéstia por parte de algumas crianças; para outras, será a solução que faltava no armário de roupas. Com um pouco de boa vontade, podemos ver na escola oportunidades de pequenas mortificações, na forma dos *exercícios de autocontenção* que são decisivos para a criação de um ambiente de desenvolvimento intelectual e espiritual.

A ETIQUETA ESCOLAR

Nessa perspectiva, a escola é um ambiente de ascetismo sutil, na qual se cultiva uma pequena ética, uma *etiqueta* escolar. A escola, com seus princípios e normas, pode ser a oportunidade para a criança participar de uma instituição na qual o respeito e a obediência dependem de uma hierarquia diferente. Na escola, ela aprende que a autoridade de todos, diretoras, professoras, porteiras, merendeiras, deve ser orientada por princípios e regras. O tratamento que a criança deve receber não se baseia mais no fato de que ela é a filha única, a *maior*, a *menor*, a *do meio*. A criança agora é uma entre muitas, sendo todas iguais umas as outras em um sentido que, com alguma sorte e ajuda, será compreendido aos poucos. Os pequenos rituais da escola, ligados a horários, espaços, uniformes, cumprimentos, filas e eventos coletivos acentuam essa nova e desafiadora condição, a de ser um entre muitos diante de regras impessoais. Essas dimensões do cotidiano escolar enriquecem a compreensão do significado de respeito e obediência. As diferenças de hábitos pessoais, de crenças religiosas, de classe, etnia, gênero, começam a ser experimentadas pela criança em um ambiente planejado para valorizar o respeito mútuo.

Esses aspectos são esquecidos e extraviados quando nos equivocamos na resposta sobre o que é, afinal de contas, uma escola.

AUTOTRANSCENDÊNCIA

Esses temas nos transportam para o âmbito da capacidade de *autotranscendência*, outra característica espiritual destacada por Haidt. A autotranscendência é a mãe de todas as formas de espiritualidade, porque, como a própria expressão diz, ela significa a condição de uma pessoa poder ir além de si mesma. Isso não tem nada de misterioso.

A autotranscedência é uma experiência ao alcance de qualquer ser humano. Ela consiste no fato de que conseguimos, em alguma circunstância, ir além de algum limite que imaginamos que temos. Uma forma de entender isso é sugerida por uma expressão popular, a da pessoa que consegue "puxar-se" em alguma situação. A expressão é usada para falar da situação na qual alguém conseguiu ir além do que se esperava, e dar mais de si do que costumava fazer. Isso vale não apenas para as habilidades corporais e intelectuais, mas também para as nossas capacidades de conexão com coisas que estão além de nossos interesses e preocupações imediatas e egoístas, incluindo nisso metas e ideais. Isso significa que nos sentimos atraídos, que nos sentimos cativados por algo fora de nós mesmos. O primeiro entendimento dessa expressão, como sugere Hans Joas, é o de um movimento para fora, para longe de nós mesmos.[9]

Assim como podemos nos puxar *para cima*, no sentido de alguma elevação, também temos vivências que nos puxam *para baixo de nós mesmos, que nos levam para longe de nós mesmos, para baixo*. Algumas delas são previsíveis, como a descoberta da vulnerabilidade humana, da finitude e da precariedade da vida. Como diz Joas, "perguntar se precisamos de tais experiências é tão inútil quanto no caso de experiências estimulantes. Nós simplesmente as temos. A vida sem elas é inimaginável, mesmo que nos livrássemos de todos os estragos causados pelos seres humanos".[10] Um professor sabe essas coisas, ainda que não tenha lido nada sobre elas: a escola é um espaço de experiências de autotranscendência moralmente orientadas. Pense na alegria da criança que termina de ler o primeiro livro sem figurinhas e com uma dúzia de páginas.

Comecei este capítulo lembrando a ficha de autoavaliação preenchida pela minha neta, no final de um trimestre de aulas na quarta série. Os comportamentos valorizados pela escola – se a criança participava nas aulas, se ela era capaz de respeitar opiniões diferentes, mostrando-se disposta a escutá-las, sem monopolizar a atenção, se ela respeitava, com responsabilidade, acordos e prazos, se prestava atenção aos seus materiais e ao uniforme, são gestos de autotranscendência, são pequenas elevações do espírito em relação ao imediatismo, à timidez, ao egocentrismo, ao impulso, à desatenção às consequências. Em casa, ela aprende que há ocasiões nas quais o ruim é bom, como no caso do remédio amargo ou da picada da agulha da vacina; há também momentos nos quais o bom é ruim, como no caso da dieta que exclui frutas e verduras. Na escola, isso ganha uma nova dimensão. A disciplina e as restrições agora são maiores, mas os resultados são de maravilhamento, pois a criança vê que há mais dela dentro dela, há mais dentro do mundo, além do que ela pensava em casa.

Haidt fala ainda de duas outras características da espiritualidade que também podemos identificar no cotidiano escolar. Ele fala em "pouca raiva e muito perdão", e na "admiração profunda pela natureza". O que se espera da criança, em relação aos comportamentos de raiva, não é a supressão deles, pela boa razão que se trata de um sentimento sobre o qual, em certa medida, não temos controle. Sentimos ou não a raiva. O que o ambiente escolar faz é criar condições para que a criança pense um pouco mais sobre esse sentimento: de onde veio, como veio, por que veio, para onde irá.

A escola não tem um treinamento especial para fazer essas coisas. Quando a escola exige o tratamento interpessoal baseado no valor do respeito universal e abstrato, ela ensina *mostrando*. Quando ela valoriza a conversação entre as crianças, com a troca de turnos de voz e o respeito às opiniões divergentes, elas começam o aprendizado de *serem ouvidas*. Nem sempre lembramos que muitas crianças chegam na escola sem ter a experiência de *serem ouvidas*. Ter algum controle sobre a raiva e ter alguma capacidade de perdão são coisas que precisamos aprender.

Quanto à "admiração profunda pela natureza", é para essa direção que o currículo deve apontar. As disciplinas escolares, quer sejam ensinadas isoladamente, quer sejam combinadas em atividades interdisciplinares ou projetos, nada mais são do que os tesouros de conhecimentos de que dispomos. Cada um deles, a seu modo, nas mãos das professoras e professores, pode provocar na criança um certo tipo de admiração profunda. A didática é a arte da graça.

BUDA NO CONDOMÍNIO

Um caso exemplar de experiência de autotranscendência é a vida de Sidarta Gautama, o Buda. Podemos imaginá-lo hoje como um adolescente que mora em um condomínio onde não há pobres e mendigos nas ruas. Os velhos parecem jovens, e, aparentemente, ninguém fica doente. Não se fala sobre esses assuntos. A televisão, o celular e o *tablet* de Sidarta são controlados pelos pais e somente podem mostram coisas inocentes. Quando Sidarta passeia de automóvel, os vidros escurecidos não permitem ver o que se passa nas calçadas, entre o condomínio e o shopping. A sujeira do mundo é cuidadosamente escondida. Um dia, ao brincar na praça do condomínio, ele vê um velho de rosto enrugado, com os cabelos brancos, fazendo um serviço ocasional por ali e tossindo muito. Aquilo o perturba. Ele comenta o assunto com o porteiro de sua casa, pois nunca havia visto uma pessoa assim, velha, doente. Seus avós eram jovens e pintavam os cabelos, como todos no condomínio. O porteiro disse que era assim mesmo, que todo mundo envelhecia e ficava doente. "Sorte", disse o porteiro, "é envelhecer sem muitas doenças, e ter uma morte tranquila". Tudo isso foi ainda mais perturbador. Sidarta não fazia ideia da morte, da velhice, da doença como parte da vida. Da vida dele.

De acordo com a tradição budista, o despertar de Sidarta Gautama está ligado a encontros fortuitos que o impactam muito. Apesar de todos os cuidados que eram tomados para mantê-lo em um mundo de alegrias, ele vê um homem idoso, uma pessoa muito doente, um cadáver e, finalmente, encontra um asceta, um meditador, e, com isso, ele se dá por conta de que existe uma outra forma de levar a vida. Esses episódios, chamados de "as quatro visões", são determinantes de sua decisão de abandonar o condomínio em que vivia. Ele sai a caminhar no mundo, em busca de respostas. São momentos de transformação. São, evidentemente, experiências de autotranscendência.

O mundo no qual algumas crianças crescem é feito apenas por acontecimentos previsíveis, sem experiências memoráveis de autotranscendência. Nas palavras de um filósofo, elas vivem em

> um fluxo incessante de trivialidades sedutoras que não invocam nem reflexão nem escolha, mas participação instantânea. [...] Há pouca chance de que suas percepções, suas emoções, suas admirações e suas prontas indignações possam se tornar respostas mais elaboradas ou até mesmo fantasias inocentes suas; elas chegam pré-fabricadas, generalizadas e uniformes. Elas oscilam de uma conformidade atual para outra, ou de um influenciador da moda para seu sucessor e se

perdem em uma solidariedade composta de réplicas exatas de si mesmo. Desde tenra idade, as crianças agora acreditam que estão bem-informadas sobre o mundo, mas sabem apenas coisas em segunda mão a partir das imagens e vozes que as cercam. Não há quebra-cabeças ou mistérios para elas; nada convida para a atenção cuidadosa nem para a compreensão. [...] O mundo dessas crianças tem apenas uma linguagem, logo aprendida: a linguagem do apetite.[11]

Michael Oakeshott escreveu isso em 1975. Naquela época, não havia as telas portáteis de hoje, mas apenas a televisão. A descrição que ele fez levou em conta apenas a forma como as crianças eram educadas pelas famílias e pelas escolas da época, com o aparelho de TV na sala, à disposição de todos. O que ele criticou no texto foi a massificação das informações e o destino de irrelevância da escola, que se autodestituía como um lugar à parte e solene na vida da criança. O diagnóstico ficou mais terrível a cada linha. A "linguagem de apetite" da criança

[...] é uma linguagem composta de clichês sem sentido. Permite apenas a expressão de "pontos de vista" e a repetição incessante de slogans que são adotados como declarações proféticas. Seus ouvidos estão cheios da babel de pedidos a reações instantâneas e não especificadas e sua expressão reproduz apenas o que elas ouviram dizer. O discurso que existe se assemelha ao latido do cachorro ao eco de sua própria latida. A escola, nessas circunstâncias, é notavelmente irrelevante. Em grande medida, renunciou ao seu caráter de lugar à parte, onde declarações de outro tipo podem ser ouvidas e outras línguas, além daquela do apetite, podem ser aprendidas. A escola não oferece reclusão, não oferece liberação. Seus móveis são os brinquedos com os quais aqueles que vêm a ela já estão familiarizados. Suas virtudes e seus vícios são os do mundo circundante.[12]

Com o desaparecimento dos professores, veio também o desaparecimento das crianças.

EM RESUMO

Neste capítulo, procuro dar um passo adiante na caracterização da escola como um autêntico espaço de espiritualidade, entendida não como fenômeno religioso, mas como processo de elevação moral e transcendência pessoal. A espiritualidade implica formação de hábitos, práticas e rituais que promovem a superação de motivos meramente pessoais e subjetivos, em direção a valores compartilhados e universalizáveis.

Começo analisando uma ficha de autoavaliação escolar, na qual são promovidos valores como respeito, escuta atenta, responsabilidade e autocuidado. Esses valores colaboram para a transição da criança de um ambiente familiar, em que o respeito está ligado à autoridade parental, para um espaço no qual as regras assumem caráter mais universal e abstrato. A escola reforça a "regra de ouro" – tratar os outros como gostaríamos de ser tratados – como princípio ético fundamental que transcende os limites da família.

Antes de aprofundar os aspectos espirituais da escola, faço uma distinção entre o mundo real e o virtual, retomando as categorias propostas por Jonathan Haidt: espacialidade, temporalidade, comunicação e vida comunitária. Enquanto o mundo virtual é bidimensional, assíncrono, potencialmente impessoal e de baixo custo relacional, a escola representa o oposto: é tridimensional, síncrona, exige presença corpórea e impõe custos significativos de entrada e saída nas relações.

A seguir eu procuro aprofundar aspectos da espiritualidade presentes na escola. O primeiro é a ideia de sacralidade compartilhada. A escola constitui um espaço separado e protegido do mundo cotidiano, com suas regras próprias, símbolos de identidade (como uniformes) e ritos de passagem. Essa "pequena sacralidade" estabelece a escola como lugar de encontro comunitário e formação. O segundo é a corporeidade. A escola é um espaço de vivências corporais, onde a presença física e os gestos são parte integrante da comunicação e da aprendizagem. Em terceiro lugar, imobilidade e silêncio: As práticas escolares exigem concentração, silêncio e foco – exercícios espirituais essenciais para a leitura profunda e a escuta atenta. A seguir trato do conceito de autotranscendência. A escola proporciona experiências nas quais a criança vai além de seus limites percebidos, seja na leitura do primeiro livro sem ilustrações, seja no aprendizado da consideração pelo outro. Outro aspecto é a regulação da raiva e cultivo do perdão. Ao promover a conversação respeitosa e a resolução de conflitos, a escola ensina formas de lidar com emoções negativas e cultivar a reconciliação. Finalmente, trato da admiração pela natureza e pelo conhecimento. O currículo escolar, quando bem apresentado, desperta o maravilhamento diante dos tesouros do conhecimento humano e do mundo natural.

Contra a "linguagem do apetite", feita de trivialidades sedutoras que não convidam à reflexão, a escola pode oferecer um contraponto: um espaço de reclusão temporária onde outras linguagens podem ser aprendidas, onde há quebra-cabeças e mistérios que convidam à atenção cuidadosa.

A escola que consegue se perceber também como um lugar de formação espiritual oferece às crianças aquilo que Sidarta Gautama encontrou em suas "quatro visões": experiências transformadoras que rompem com o fluxo ordinário da vida e abrem caminhos para uma compreensão mais profunda de si mesmas e do mundo.

Notas

[1] Gamm, in Konersmann, 2012, p. 149. Tratarei da forma como estou usando o conceito de alma no capítulo "É permitido proibir?".

[2] Os filósofos têm se dedicado a pensar sobre esse tema. Uma referência aqui, para quem queira ampliar esse tema, é o livro de David Chalmers, *Reality +*.

[3] Durkheim, 1996, p. 21.

[4] No livro *Alá não tem nada a fazer na minha sala de aula*, os autores, Jean-Pierre Martin e Laurence Hondt dizem que em muitos lugares da França de hoje "ensinar se tornou uma profissão perigosa. A escola não é mais um santuário, um lugar protegido da fúria do mundo" (2024, p. 4).

[5] Haidt, 2024, p. 235.

[6] Ver o livro de Bryan Caplan, 2018.

[7] Miller, 2006. Rousseau disse que a criança deve fazer aquilo que ela quer, mas deve querer apenas o que o professor quer.

[8] Idem, p. 115.

[9] Joas, 2016.

[10] Idem, p. 10.

[11] Oakeshott, 2001, p. 33.

[12] Idem, p. 34.

É PERMITIDO PROIBIR?

"Professores e administradores escolares não podem mais esperar que sejam vistos pelas crianças como autoridades oniscientes. Não apenas as crianças em idade escolar agora sabem sobre algumas coisas que seus professores nunca ouviram falar, mas, como todos os adultos, os comportamentos dos educadores no palco foram prejudicados pelas revelações nos bastidores da televisão. Não importa o que a escola faça, portanto, ela provavelmente nunca poderá recuperar o quase monopólio sobre as informações que já teve." (Joshua Meyrowitz, 1985)

Educação rima com controle, lembra Freud, em um texto sobre a primeira tarefa da educação:

Vamos tornar claro para nós mesmos qual a tarefa primeira da educação. A criança deve aprender a controlar seus instintos. É impossível conceder-lhe liberdade de pôr em prática todos os seus impulsos sem restrição. [...] por conseguinte, a educação deve inibir, proibir e suprimir, e isto ela procurou fazer em todos os períodos da história.[1]

Inibir, proibir e suprimir certos comportamentos é parte da educação, mas Freud deixou claro que há uma *arte* nisso.

O primeiro passo nessa arte deve ser regulado por uma visão adequada do que é ser uma criança. Os educadores precisam aprender sobre os alunos e colocar em prática seus melhores conhecimentos. O segundo passo consiste em ter presente que, diante de cada cuidador, está sempre uma criança particular, e por isso não bastam os conhecimentos gerais que temos sobre a psicologia infantil. Precisamos descobrir, a partir dos pequenos indícios do comportamento de cada criança, o que se passa na mente dela. Somente assim seremos capazes de dar conta do terceiro desafio do educador, que consiste em dar à criança a quantidade correta de amor. A quarta dimensão nessas práticas de controle é a autoridade dos cuidadores, que deve ser mantida sem que os momentos de visão adequada, conhecimento de caso e acolhimento sejam esquecidos.

ENTRE CILA E CARÍBDIS

Essa pedagogia do controle é resumida por Freud por meio de um episódio da *Odisseia*: a passagem do navio de Ulisses entre Cila e Caríbdis, dois monstros marinhos localizados nos lados opostos de um estreito. A arte pedagógica, diz ele, consiste na habilidade de navegar "entre o Cila da não interferência e o Caríbdis da frustração".[2] O educador precisa encontrar o ponto ótimo em suas ações. É preciso chegar ao melhor resultado para a criança, causando nela o mínimo de danos, usando para isso apenas um princípio incontornável: inibir, proibir e suprimir são atitudes orientadas para controlar as condutas guiadas apenas pelo princípio do prazer, que distorcem a formação do princípio de realidade.

A criança deve vir a ser um adulto, e, por isso, Freud insiste que há apenas uma educação: para a realidade. É por essa razão que inibir, proibir e suprimir são ações pedagógicas que dependem de uma arte guiada por princípios. *Quando, onde, quanto, de que modo* fazemos essas coisas, isso varia. O que não oscila é a dimensão do educar que rima com *controlar*, mediada pela prudência. A prudência é uma virtude cardinal na vida e na pedagogia. É com ela que amparamos os passos da criança, para que um dia ela caminhe como um adulto. A prudência é uma dosimetria do amor; é deste que se trata, no final das contas. O amor, na dose adequada, é a baliza da realidade e o princípio da educação. O amor, diz Freud, é o grande educador:

> Lado a lado com as exigências da vida, o amor é o grande educador, e é pelo amor daqueles que se encontram mais próximos dele que o ser humano incompleto é induzido a respeitar os ditames da necessidade e a poupar-se do castigo que sobrevém a qualquer infração dos mesmos.[3]

Não é errado inibir e proibir. Nenhum avanço cultural ou social cancela a diferença entre "os ditames da necessidade" e o extravio no desejo. É permitido proibir, nos limites da prudência e do amor. Podemos agora ver mais de perto a importância do estabelecimento de limites e regras na educação.

SOBRE LIMITES E REGRAS

A lei que proibiu o uso de dispositivos eletrônicos durante o período escolar atendeu a um pedido de socorro feito por pais, que penam para impor limites no uso dos jogos e das redes sociais, e professores, que perdem a atenção do aluno na sala de aula.

Há proibições, rotinas e regramentos que estão voltando para a escola, mas sem o mesmo destaque dos telefones. O uso de uniformes e emblemas escolares é um exemplo. Eles foram obrigatórios, na maioria das escolas, públicas e privadas até os anos 1960. No final dessa década, o uso deles começou a ser relaxado, sob as mais diversas esculpas. Hoje, poucas escolas dispensam o uniforme. A volta do uniforme traz consigo mais do que um item de segurança. O uso dele contribui para o sentido de comunidade e autoridade da escola e se integra nas medidas que podem contribuir para o prestígio dela e dos professores. A proibição dos celulares pode ser uma ocasião para o debate sobre a importância das regras e dos limites em nossas vidas. Esses conceitos foram enfraquecidos pelas mais diversas razões.

UM JOGO DE FUTEBOL NAS ALTURAS

A imposição de regras e limites para as crianças não é negociável. Faço uma analogia: imagine um jogo de futebol entre dois times de crianças, em uma quadra de esportes que fica na laje de um edifício de muitos andares. A laje não tem muros e as linhas do campo estão desenhadas próximas da beirada dela. Dois passos depois, é tombo certo – de vários metros de altura. É fácil imaginar como as crianças jogarão. Ninguém se arrisca. Elas ficam inseguras, não sabem até onde podem se ir sem cair, correm pouco e dão chutes fracos. Imagine agora as mesmas crianças, o mesmo jogo, na mesma quadra, mas com paredes altas e redes de proteção. Nessa nova situação, as crianças dão o melhor de suas capacidades, como costumam fazer. Elas *levam em conta as paredes* que, ao mesmo tempo, *limitam* e *permitem* o jogo. As limitações pedagógicas são também permissões. As crianças agora podem jogar à vontade, correndo apenas os riscos normais de um jogo, que não são poucos.

A existência de regras e de limites é uma parte indissociável da vida humana. Elas, por assim dizer, nos *constituem*. Sem elas, não sabemos até onde podemos ir. Eu estou falando aqui sobre as regras que são criadas por nós, pessoas, e não sobre as regularidades que encontramos na natureza. *Natureza*, aqui, quer dizer aquilo cuja origem e existência, em nenhum sentido relevante, depende da intervenção humana. As regras que estabelecemos para as crianças pertencem ao campo da cultura. Quando falamos das regras no mundo da natureza, estamos apenas indicando as *regularidades* que percebemos; o que inclui as regularidades de nosso organismo e comportamentos. Somos criaturas duplas, de regularidades e de convenções, "dois em um".

Essa duplicidade é importante. Certas coisas que fazemos têm uma relação relativamente fraca, externa, com as regras; outras possuem relações fortes, internas. Um exemplo de regras externas está em comer e usar roupas. As regras para comer, por mais importantes que sejam, não eliminam o fato de que precisamos comer. Essas regras regulam situações que existem independentemente delas. Elas são criadas para lidar com comportamentos necessários e universais. Essas regras são *normas* que criamos para regular comportamentos e situações que existem independentemente delas.

Há outro tipo de regra, no entanto. É aquela que institui, que cria uma situação. Os jogos, por exemplo, são criados por meio de regras. Um jogo de futebol somente é isso se seguir as regras que o constituem. Nesse caso, falamos de *regras constitutivas*. Os comportamentos criados por meio de regras constitutivas não existem fora delas.

Temos então as regras *normativas* e as regras *constitutivas*. Pensando agora na escola, podemos ver nela os dois tipos de regras. As normas que regulam as relações entre professores, pais e estudantes são explicitadas em listas de direitos e deveres. Há também normas que não são escritas, mas apenas combinadas comunitariamente, de forma mais ou menos explícita. Dirigir a palavra uns aos outros, por exemplo, normalmente, é uma ação precedida pelo pedido da palavra. As regras normativas podem ter a forma suave da recomendação ou pesada, de um imperativo: "não coma com a mão", "cumprimente o professor", "não interrompa sem pedir licença". A fórmula é sempre a mesma, "na situação tal, faça tal coisa".[4]

Mas há também regras constitutivas. O meu exemplo foi o jogo de futebol. Em que sentido a sala de aula pode ser comparada a um jogo de futebol? Chutar bolas, cabecear, correr no campo não é o mesmo que jogar futebol. Esses comportamentos só valem como futebol quando fazem parte de um conjunto de situações e ações que obedecem às regras do jogo. Um certo objeto, a bola, e alguns comportamentos como correr, chutar, cabecear, somente contam como jogo de futebol nas circunstâncias apropriadas. A mesma coisa vale para a escola. Estudar, ler, debater, ouvir uma pessoa falando são comportamentos que existem fora da situação escolar, mas assumem um significado especial quando fazem parte do contexto escolar.

A teoria sobre a escola precisa lidar com isso. Normativa e constitutiva, a escola, em certo sentido, é um jogo, porque ela *institui* formas de comportamento que não existem fora dela e *organiza* comportamentos que temos desde nascer. Não é pouco o trabalho dela. Ela precisa tratar as crianças, como se fossem pequenos adultos, por meio de princípios de uma justiça constitutiva, abstrata e impessoal, mas deve reconhecer a individualidade e os impulsos que temos sem escolha. A escola é uma instituição híbrida.

A EROSÃO DA AUTORIDADE

A autoridade desapareceu no mundo moderno, segundo Hannah Arendt.[5] O tamanho da crise de autoridade, diz ela, pode ser medido pelo fato de que a ausência dela se estende à própria criação dos filhos. A autoridade dos pais deve ser exercida dentro de parâmetros estabelecidos por leis. No Brasil, desde seu nascimento, a criança está legalmente protegida em situações que incluem negligência, falta de cuidados, maus tratos, agressões físicas ou psicológicas, trabalho forçado, exploração sexual, falha no provimento de educação formal. Junto a isso, os pais são obrigados a garantir a presença da criança na escola a partir dos 4 anos de idade.

A forma como a sociedade está organizada faz as crianças se submeterem desde cedo a outras fontes de influência e informação, para além do círculo familiar; elas adquirem habilidades e conhecimentos que fazem delas argumentadoras desde muito pequenas. A *voz* dos pais precisa ser modulada pelo reconhecimento de uma *autonomia* cada vez mais precoce das crianças. Há uma transformação nas formas da paternidade. Como dizem os sociólogos, a autoridade dos pais passa a ser *consentida* e baseada na *confiança ativa*. A autoridade paterna não é mais amparada na simples existência de um papel social.

O fenômeno social da autoridade consentida e da confiança ativa não se restringe ao ambiente familiar. A confiança que os funcionários têm nos donos da empresa, que os fiéis têm no pastor, que um parceiro tem no outro não está baseada apenas no papel social de pai, gerente, pastor, marido ou mulher. A confiança é *ativa*, no sentido em que ela é sensível e dependente da integridade com que o outro apresenta na relação. Se o pastor quer confiança e respeito, ele deve merecer isso mediante a demonstração da integridade dele. A confiança entre as pessoas é algo que precisa, nesse contexto, ser conquistada e mantida.

E na escola? A erosão da autoridade educacional parece ser também uma das características da cena educacional. Como chegamos a isso? Essa pergunta não permite respostas simples. A transformação da confiança baseada nos papéis sociais, em direção à confiança ativa e negociada, também acontece na escola, na relação entre diretores e professores, entre professores e alunos e alunas. Ela é irreversível. Esse processo atinge toda a sociedade. Temos que aprender a lidar com ela, em primeiro lugar, compreendendo-a.

Há muitas causas para a perda de autoridade da escola e dos professores. Estes não podem mais esperar o respeito dos alunos apenas por ocuparem o lugar de professor. O respeito é conquistado na medida da qualidade de seu trabalho. A mesma coisa vale para a escola como um todo, a qual é medida, cada vez mais, pelo desempenho dos alunos nos mais variados testes. Essas avaliações acabam repercutindo no ambiente escolar. Não é possível reverter o sistema de avaliações externas das escolas, tampouco a aplicação de exames externos nos estudantes. Eles podem ser melhorados, mas tudo indica que vieram para ficar. Eu quero destacar – além das situações que mostrei no começo sobre o desprestígio da escola provocado por abordagens teóricas – alguns aspectos ligados ao impacto dos meios de comunicação na própria condição da infância. Farei isso no capítulo "Infância e tecnologia".

O DIREITO DE ENSINAR E DE APRENDER

Até onde vai a liberdade de ensino? Quais são seus limites? Esse tema costuma surgir nos debates sobre "doutrinação" na sala de aula. Por vezes, usa-se a expressão "liberdade de cátedra" para se referir à liberdade de ensino, mas essa expressão não consta mais na Constituição e na legislação de ensino, pela simples razão de que ela designava uma posição acadêmica que foi abolida nas universidades. A palavra "cátedra" faz lembrar que o princípio constitucional da liberdade de "aprender, ensinar, pesquisar e divulgar o pensamento, a arte e o saber" estava mais ligado ao modo de funcionamento das universidades. Prevalece hoje o uso regrado no art. 206, II, da Constituição Brasileira, que diz que o ensino será ministrado, entre outros princípios, com "liberdade de aprender, ensinar, pesquisar e divulgar o pensamento, a arte e o saber", com "pluralismo de ideias e de concepções pedagógicas". O princípio, como se vê, vale para todas as instituições de ensino, para professores e estudantes.

A liberdade de ensinar e aprender não é exercida no vácuo. Há um conjunto de suposições e dados implícitos que devem ser levados em conta. Trata-se, por assim dizer, de um direito *relativo*. A expressão "relativo" aqui serve para lembrar que a liberdade de ensino: é exercida a partir de algumas *relações*, pois ela está ligada aos direitos de aprendizagem discente, que, por sua vez, estão relacionados aos conteúdos e às etapas de suas vidas e às condições pessoais de aprendizagem; se relaciona aos tópicos e às formas de ensino-aprendizagem relevantes às diversas áreas que são objeto de interesse na escola; está relacionada às deliberações do planejamento pedagógico da comunidade escolar; leva em conta o conceito de *igualdade assimétrica* que caracteriza professores e estudantes na relação com o currículo.

O primeiro item – *os direitos de aprendizagem discente* – indica o compromisso e a responsabilidade da escola com as características dos estudantes em cada etapa do ensino. As aprendizagens devem ser planejadas de forma adequadas às diversas etapas do desenvolvimento da criança e do jovem. Dizendo de outra forma, a liberdade que o professor tem de ensinar deve se regular pelas capacidades e possibilidades de aprendizagem de cada série ou momento escolar.

O segundo item – *tópicos e métodos* – diz respeito ao compromisso do professor com sua profissão e formação. As formas de ensinar, a didática e a própria pedagogia precisam ser sensíveis às características das áreas de saber e atividades e aos contextos sociais e psicológicos relevantes.

O terceiro item – o *planejamento pedagógico* – lembra a natureza comunitária da escola. A criança frequenta uma escola; ela não frequenta pessoas particulares e atividades isoladas. A escola não é uma colcha de retalhos de ações isoladas, de intenções de particulares, por melhores que sejam. Os professores devem constituir uma comunidade que conversa entre si, que planeja e leva a efeito atividades decididas em comum acordo, e a criança precisa ter essa percepção.

Para esclarecer o conceito de *igualdade assimétrica*, devemos lembrar que somos todos, de um ponto de vista legal, *iguais diante da lei*. Somos idênticos em todos os aspectos sociais e políticos relevantes e temos o mesmo valor diante das leis. Do ponto de vista da cidadania, os professores e os estudantes são *pessoas iguais*; mas a relação entre ambos não é simétrica.

A simetria é uma propriedade que se aplica a certas relações, como a de amizade, irmandade, distância. Se Santa Maria fica a 290 km de distância de Porto Alegre, Porto Alegre fica a 290 km de Santa Maria; se Mathias é irmão de Lúcia, Lúcia é irmã de Mathias. Se Maíra é amiga de Summer, Summer é amiga de Maíra. Se a condição amizade (ou de parentesco, distância etc.) é aplicada a um dos elementos da relação, ela é aplicada ao outro.

Há uma igualdade entre o professor e o aluno. Ambos são pessoas, cidadãos iguais diante da lei, mas há uma assimetria básica e constitutiva da relação entre professores e alunos. Se Mário é professor de Helena, o contrário não é verdadeiro. Os professores possuem o conhecimento suposto a ser apropriado pelos alunos. Assim, a relação docente-discente é entre pessoas iguais, mas que estão em condição de assimetria diante do currículo. Essa dupla condição torna as relações entre professores e alunos mais complexas do que as relações na vida civil.

Um exemplo disso é a questão da exigência de respeito. Ela é sempre uma exigência mútua. Se a diretora da escola falta ao respeito com a professora, ela se sente no direito de exigir uma retratação, baseada apenas no princípio de igualdade simétrica dos cidadãos. Na relação entre a professora e a criança há uma pequena diferença.

Na relação entre a professora e a criança está incluída, evidentemente, a exigência de respeito que caracteriza a relação entre pessoas iguais. Mas há algo mais. A criança, ao ser matriculada na escola, depois de passar pelo portão da escola, submete-se a essa condição de *assimetria*. Os pais concedem à escola o direito de tutoria; aos professores, o direito de decidir coisas relevantes para a formação do aluno; em troca disso, os professores adotam uma relação de acolhimento da criança, que é típica de nossa profissão. Nós acolhemos as crianças do jeito que elas nos são entregues no portão da escola: podem ser tímidas, caladas, extrovertidas, tristes, distraídas, sujas, famintas, gritonas, briguentas. E, de acordo com a nossa discrição e capacidade de avaliação pedagógica, exercemos nossa tutoria com acolhimento e tolerância, em *primeiro* lugar. Essa *assimetria* entre professora e aluno é semelhante àquela que há entre pais e filhos. As professoras não têm como objetivo fazer amizade com as crianças, da mesma forma que os pais não têm como objetivo fazer amizade com os filhos. Os pais cuidam dos filhos, e para isso *acolhem e coíbem*. Professores e professoras fazem algo parecido, e é por isso que a *autoridade* e o *poder* do professor são especiais e diferentes da noção de autoridade e poder do prefeito, de um gerente de loja ou do diretor da escola.

Em resumo: nas relações de igualdade entre o professor e os cidadãos, que são simétricas, predomina a igual e mútua exigência de respeito; nas relações entre o professor e os alunos, que são assimétricas, além da exigência mútua de respeito, temos a relação de acolhimento, que é o ponto de partida da relação didático-pedagógica.

A autoridade do professor sobre o aluno, além de estar ligado ao respeito humano, relaciona-se à atitude básica do acolhimento. O sentimento de respeito exige reciprocidade, é simétrico. Se respeito alguém, me sinto no direito de exigir respeito por parte dessa pessoa. O acolhimento não é assim. O acolhimento é uma forma de amor, e quando amamos alguém não supomos que a pessoa é obrigada a nos amar em troca. Quando acolhemos, acontece a mesma coisa. *O acolhimento é unilateral.* Isso não quer dizer que o professor passa pano na pequena falta de respeito do aluno. Ele deixa claro isso e que, dentro da escola, e de certos limites, o aluno pode nascer outra vez e melhor.

A atitude pedagógica de acolhimento – cognitivo, social, emocional, é constitutiva e estruturante na relação pedagógica. Ela não é um gesto de bondade docente. Não há processo de ensino-aprendizagem sem que na base dele exista acolhimento, no sentido profundo de abertura e reconhecimento da outra pessoa: de suas hipóteses cognitivas, de sua condição social e emocional. A boa relação didática exige o conhecimento adequado das condições de chegada da criança. Temos que planejar atividades introdutórias, por meio das quais veremos onde elas estão situadas nos aspectos que importam para as aprendizagens que estão previstas. A criança precisa se abrir, se mostrar para nós. Vem daí a natureza delicada da relação de ensino-aprendizagem. Aquele que se abre para o outro deixa à vista não apenas as suas forças, mas também suas fragilidades. Os professores e as professoras são, assim, investidos de um imenso poder. Confiar nos professores é deixar-se levar por eles, e, para isso, a criança precisa perceber a integridade deles. Se essa condição é importante para as relações humanas como um todo, ela é importantíssima para as relações entre professores e alunos: a percepção de um baixo nível de integridade profissional traz consigo baixos níveis de confiança.

EM RESUMO

Neste capítulo, abordo a questão do controle e dos limites na educação, partindo da pergunta que dá título ao texto: é permitido proibir? Retomo a perspectiva freudiana, que afirma que a primeira tarefa da educação é ensinar a criança a controlar seus instintos, o que, inevitavelmente, envolve inibir, proibir e suprimir certos comportamentos.

Contudo, como Freud observa, há uma arte nesse processo. O educador deve navegar "entre o Cila da não interferência e o Caríbdis da frustração", buscando o ponto ótimo que permite o desenvolvimento saudável. Essa arte requer conhecimento sobre a natureza infantil, atenção às particularidades de cada criança, e sobretudo, a dose correta de amor. Pois é o amor que, em última análise, funciona como o grande educador, induzindo a criança a respeitar "os ditames da necessidade".

Desenvolvo uma analogia: crianças jogando futebol no topo de um prédio sem proteções não conseguem jogar plenamente, pois a insegurança as paralisa. Quando há muros e redes de proteção, elas podem se dedicar ao jogo com liberdade. Esse é o paradoxo dos limites: eles, simultaneamente, restringem e permitem, criam o espaço onde a liberdade pode florescer.

A seguir distingo dois tipos de regras: as normativas, que regulam comportamentos que existiriam independentemente delas (como comer e vestir-se), e as constitutivas, que criam realidades (como as regras do futebol, que fazem o jogo existir). A escola opera com ambos os tipos, estabelecendo tanto normas de convivência quanto criando um espaço constitutivo único para experiências formativas específicas.

Na sequência, reflito sobre a erosão da autoridade no mundo contemporâneo. Conforme apontou Hannah Arendt, a autoridade desapareceu do mundo moderno, estendendo-se até à criação dos filhos. No contexto atual, a autoridade não deriva mais de papéis sociais, mas precisa ser conquistada mediante demonstração cotidiana de integridade – o que os sociólogos chamam de "autoridade consentida" e "confiança ativa". Esse fenômeno afeta profundamente a escola e os professores, que não podem mais esperar respeito apenas por ocuparem determinada posição.

Finalizo examinando os limites da liberdade de ensinar, enfatizando que este é um direito relativo, condicionado por quatro fatores: os direitos de aprendizagem dos estudantes, as especificidades dos tópicos e métodos das áreas de conhecimento, o planejamento pedagógico comunitário, e a "igualdade assimétrica" que caracteriza a relação professor-aluno.

Essa última noção é particularmente importante: professores e alunos são iguais como cidadãos, mas sua relação é fundamentalmente assimétrica perante o currículo. Tal assimetria fundamenta tanto a autoridade do professor quanto sua responsabilidade de acolhimento. Diferentemente do mero respeito, que é recíproco e simétrico, o acolhimento pedagógico é unilateral, uma forma de amor que reconhece o outro em suas dimensões cognitivas, sociais e emocionais. Essa relação delicada exige do professor integridade profissional, pois a criança que se abre ao aprendizado expõe não apenas suas forças, mas também suas fragilidades.

Notas

[1] Freud, 1976, v. XXII, p. 182.
[2] Idem, ibidem.
[3] Idem, v. XIV, p. 352.
[4] Sobre isso, ver Searle, 1995.
[5] Arendt, 1972, p. 127.

PESSOAS E VONTADES

"O homem é duplo, há dois seres nele: um ser individual, que tem sua base no organismo e cujo círculo de ação se acha, por isso mesmo, estreitamente limitado, e um ser social, que representa em nós a mais elevada realidade, na ordem intelectual e moral, que podemos conhecer pela observação, quero dizer, a sociedade. Essa dualidade de nossa natureza tem por consequência, na ordem prática, a irredutibilidade do ideal moral ao móbil utilitário, e, na ordem do pensamento, a irredutibilidade da razão à experiência individual." (Émile Durkheim, 1996)

John Lennon gostava de zapear tarde da noite, em busca de inspiração. Numa ocasião, ele estava assistindo ao reverendo Ike, um famoso evangelista negro. Uma frase dele chamou sua atenção: "Vou dizer uma coisa: não importa o que te ajuda a atravessar a noite."

Lennon tomou nota e, no outro dia, escreveu "Whatever gets you through the night" ["qualquer coisa que te ajude a atravessar a noite"], uma canção sobre a busca por formas de superar as situações difíceis que a vida, por vezes, nos apronta.

O conselho do reverendo é generoso e ajuda a entender a situação religiosa e espiritual que vivemos hoje. Ela vai na direção da frase de

Thomas Jefferson, "eu mesmo sou uma seita".[1] Robert Bellah comentou que essa frase, bem como a de Thomas Paine, *"minha mente é minha igreja",* sugere a forma futura das organizações religiosas. A religião, diz Bellah, pode ser apresentada como um "conjunto de formas simbólicas e ações que relacionam os seres humanos com as condições últimas de sua existência".[2] Uma definição assim ampla é compatível com o conceito de uma igreja de esquina, pequena e acolhedora, que cria um ambiente de apoio aos seus membros, mas ela lembra que cabe a cada um de nós encontrar as soluções de sentido para nossa vida. São muitas as maneiras de suportar a noite, há grande oferta de religiosidade, ela pode ser encontrada até mesmo nas igrejas.

A espiritualidade é mais ampla que a religiosidade, tenho insistido. Ela pode também ser encontrada nas escolas. Uma das dificuldades nesse tema é que essa expressão, "espiritualidade", faz parte de um grupo de conceitos que se prestam para muitas interpretações. Espírito é vizinho, por exemplo, de alma e mente, e, por vezes, é sinônimo de uma ou de outro. Como podemos nos orientar nesse assunto? Vou fazer uma pequena digressão sobre o conceito de alma, que deve ajudar a entender por que não devemos confundi-la com espírito. Na tradição filosófica que vou expor, a alma não é separada do corpo. Há uma pequena parte dela que goza de uma certa independência, e é essa parte da alma que, por vezes, é chamada de espírito. Isso pode nos ajudar a entender melhor por que há uma associação entre "espiritualidade" e "elevação", e por que falamos em "exercícios espirituais". Sem um pouco deles não chegamos a ser uma pessoa, com alma e espírito.

CORPO E ALMA

Recebemos, já no berço, alguma crença. Ela chega pelas mãos daqueles que cuidam de nós e dificilmente duvidamos dela, até que algo ou alguém fura a nossa bolha de certezas. Nas crenças de berço estão quase sempre as noções religiosas, que guardamos até o dia em que eventualmente as perdemos. Talvez seja por isso que as pessoas que se interessam por espiritualidade, às vezes, dizem que "estão procurando". Elas se desiludiram da crença de berço e procuram outra. Só quem perde o rumo procura por ele. Quando a rede de crenças se rompe, ficamos perdidos e procuramos algo em que nos agarrar, em especial quando nossa vida é fragilizada por algum sofrimento grande e inesperado.

Tive um amigo que nasceu tetraplégico, o corpo deformado, ele mal chegava a ter uma coluna vertebral. Graças a cirurgias e cuidados, Marcelo cresceu, foi para a escola e chegou à vida adulta. Sua condição corporal não lhe permitia atividades esportivas. Eu era praticante ocasional de tiro ao alvo e ele gostou da ideia. Mesmo com as mãos deformadas, ele conseguia municiar e engatilhar a pequena arma que escolheu. E assim ficávamos, em tardes de sábado, praticando tiro ao alvo e conversando. Se no começo os assuntos eram sobre armas e alvos, com o tempo a conversa evoluiu. Em mais de uma vez, com a confiança que ele adquiriu em mim, e lembrando, sem ironia, a minha condição de filósofo, ele me perguntou: "Ronai, a filosofia, o que ela pode dizer sobre *isso*?" E, ao dizer *isso,* ele fazia um gesto com a mão direita, de cima para baixo, apontando para si mesmo. "O que a filosofia pode dizer sobre o porquê *disso*", "por que uns, por que eu, por que *assim*?"

Marcelo não tinha mais uma crença de berço e não havia encontrado outra que a substituísse. Não faltavam ofertas, mas elas dependiam de alguma interpretação do conceito de "espírito", de "alma" e de "corpo" e nenhuma o convencia. Eu também não tinha uma resposta para ele. A gente comentava sobre esse e aquele pensamento, tomava café, dava um tempo. A filosofia não nos consolava, mas não nos separava, alguma vez ajudou a organizar um pouco as ideias que surgiam na conversa.

Nessa mesma época, eu era professor no curso de Psicologia de minha universidade. Nas aulas, surgiam temas ligados a essa constelação de conceitos. Com o tempo, concebi uma estratégia para abordar esse tema. Ela começava com a comparação da relação entre o *corpo* da linguagem (os sons, os sinais, as marcas sensíveis) e sua *alma*, (os significados, as ideias, o sentido).

UM MODELO DA ALMA HUMANA

Na base dessa comparação, estava o modelo explicativo mais conhecido na filosofia, o de Aristóteles. Ele pensa a alma como uma espécie de princípio de animação. Daí vem o nome, em latim, *anima*, alma.[3] O certo aqui seria falar em *psique*, já que estamos falando da tradição grega, mas vamos deixar isso de lado por enquanto. A alma é pensada como algo que tem partes.

A parte mais básica, o primeiro nível da vida, por assim dizer, é o das capacidades de nutrição e reprodução. Ela é chamada de alma vegetativa ou nutritiva. O segundo nível da alma é o das capacidades de sensação. Os seres capazes de sensações, por óbvio, sofrem, o que não ocorre com as alfaces. O nível superior da alma é o de nossas capacidades de pensamento, e por isso ela é chamada de alma intelectiva.

Essas partes ou níveis interagem entre si. O nível básico é uma condição necessária para o funcionamento do intermediário; esses dois, para o racional. As relações entre os três níveis não são de simples acréscimo ou acumulação. O nível mais alto retroage e impacta o funcionamento do nível anterior. Isso significa que o funcionamento de cada um deles leva em conta o funcionamento dos outros, em um vaivém.

A consequência desse modelo explicativo é que *a alma não faz nada sem o corpo*, pois em seu modo de operação intelectivo (ou racional) há uma presença substantiva dos níveis anteriores, nutritivo e sensitivo.

Esse modelo explicativo pode ser exemplificado por meio de uma descrição da linguagem humana. O filósofo Charles Peirce sugeriu uma nomenclatura que se tornou clássica no que diz respeito à relação dos signos com aquilo que eles representam. Na base da classificação que ele sugeriu, estão os ícones, que são os signos que representam algo mediante uma relação de similaridade. Isso inclui coisas como fotografias, desenhos, imagens, diagramas e metáforas. O nível seguinte é o dos índices, que são signos que representam alguma coisa por meio de relações de contiguidade, correlações ou conexões causais, como a fumaça e o fogo. O terceiro nível dos signos é composto pelos *símbolos*, que representam por meio de convenções ou regras. É o caso da linguagem humana.

O passo seguinte consiste em projetar essa classificação dos signos em Peirce no modelo da alma de Aristóteles para explicar a afirmação que fiz, que a alma nada faz sem o corpo. A ideia pode ser assim formulada: *o símbolo nada faz sem o índice e o ícone.*

O nível básico é uma condição para o funcionamento do nível seguinte, como se fosse uma espécie de infraestrutura material. Na analogia com o modelo aristotélico, podemos pensar a iconicidade como uma espécie primitiva de cognição, a imitação. É possível falar em um tipo básico de conhecimento, a *cognição icônica*. A alma da alface opera de forma relativamente simples. Dadas as condições adequadas de solo, ar, água e sol, ela viceja. Não atribuímos a ela a capacidade do mau-humor e muito menos a de refletir sobre o sentido das saladas. Sua "cognição" está limitada a reagir em acordo com as condições ambientais. Podemos dizer que esse nível de funcionamento da alface é o da cognição icônica, porque tudo se passa como se ela estivesse equipada com um mecanismo de leitura das condições ambientais diretamente ligado ao seu processo de desenvolvimento. As variações no solo, no ar, na água e no sol são lidas a partir de certo padrão de possibilidades. No painel de navegação da alface, uma das informações relevantes tem a forma de "semelhante a", dentro de uma certa margem de variação das condições do ambiente. Mantidas as condições minimamente compatíveis, constantemente monitoradas, o vigor da planta segue adiante. Aprender é imitar.

O segundo tipo de cognição é o da alma sensitiva; é bem mais complexa. Seu funcionamento depende do funcionamento da primeira alma, não apenas como uma base, mas como algo que ela leva em conta. A alma sensitiva tem a capacidade de conhecimento das coisas a partir da constatação de regularidades, concomitâncias, correlações, causalidades. Ela é chamada então de *cognição indexadora*, capaz de fazer associações. Para além da identificação de semelhanças e diferenças no ambiente, temos agora um comportamento governado pela percepção das relações entre estados de coisas semelhantes *e* diferentes. A fumaça é muito diferente do fogo, mas há alguma semelhança entre a fumaça da madeira seca e a da madeira molhada. Aprender isso leva algum tempo, claro. Fica evidente que há uma hierarquia entre os tipos de signos. Não podemos reconhecer as diferenças sem, ao mesmo tempo, conhecer as semelhanças. Aprender, nesse nível intermediário, é associar coisas que parecem muito diferentes entre si, mas que, sob algum ponto de vista, são parecidas.

O caso exemplar da cognição simbólica é a linguagem. Uma boa compreensão desta é dificultada pela tentação que a gente tem de pensar que a linguagem é composta de duas partes: uma delas é inorgânica, e consiste na manipulação dos signos; e a outra é orgânica, a compreensão dos signos, o pensamento. Se pensamos dessa forma, diz Wittgenstein, o pensamento humano aparece como algo misterioso, pois surge o problema: como é que uma coisa inorgânica, material, se liga com algo orgânico, o pensamento?[4] Ou seja, de que modo o corpo se anima? De que modo a alma se liga ao corpo?

Quando cedemos a essa tentação, de pensar que existe, de um lado, a alma e, de outro, o corpo; de um lado, o significado e, de outro, os sons da palavra, surgem os mistérios sobre a natureza do pensamento.

Podemos voltar agora para a pergunta sobre as relações entre corpo e alma, pelo modo pelo qual o corpo adquire alma. A resposta parece ser essa: não há relação entre corpo e alma, não há aquisição de alma pelo corpo. E a explicação para esse meu jogo de palavras é simples, à luz do que já disse anteriormente: sempre que há uma forma de vida, de alface, de caracóis ou de seres humanos, há uma forma de cognição (de alma) correspondente. A alma é sempre uma *forma de conhecimento*: por imitação, por associação, ou mediante o uso de convenções. Na tradição filosófica de Aristóteles, não existe o problema, pois a alma já está sempre ligada ao corpo, da mesma forma que a linguagem humana já está sempre ligada a algo material, como os sons, os fonemas da língua.

Essas perguntas pelas relações entre corpo e alma pressupõem que estamos falando de corpos *vivos*, de alfaces, caracóis ou pessoas; as formas da alma são princípios de vida e formas de cognição. As duas primeiras formas da alma, como já disse, indicam formas de conhecimento por percepção imediata, contato ou familiaridade com as coisas. A terceira forma de cognição está baseada nessas duas primeiras, e avança para o nível da linguagem simbólica, convencional, proposicional. Nos dois primeiros casos, o conhecimento de que o organismo é capaz (alfaces e caracóis) está baseado exclusivamente em capacidades sensíveis, transparentes, que dispensam o aprendizado de códigos. Não precisamos dominar um código de sinais para compreender as expressões faciais de alegria e de desespero. Já o funcionamento da linguagem simbólica se presta a intrigas, porque é dependente do domínio de um código. A fala é apenas um *som estranho* para os não falantes dela.

O Quadro 3 faz um resumo das relações que estou expondo aqui:

Quadro 3 – A "pessoa" emerge como um aspecto essencial no quadro aristotélico da alma

Alma intelectiva Vivências de discursividade.	Conhecimento por meio de símbolos. Relações arbitrárias entre os signos e os referentes.	Convenção; conhecimento linguístico/ proposicional.	**Pessoalidade** Conceitos simbólicos.
Alma sensitiva Vivências subjetivas, capacidade de aprendizagens por associação.	Conhecimento por meio de índices. Relações de contiguidade, correlação, causalidade etc.	Associação: conhecimento por contato e familiaridade.	Experiências subjetivas, memória, aprendizados, adaptações.
Alma nutritiva, reprodutiva, vegetativa Caracterizadora da vida, envolvida na automanutenção.	"Conhecimento" por meio de ícones. Relações de "semelhança" entre os sistemas vivos e o ambiente.	Imitação: "conhecimento" por contato.	Seres vivos em geral.

O modelo da alma aninhada em camadas nos permite dizer que as criaturas dotadas de conhecimento simbólico acedem a um tipo de pensamento substantivamente diferente daquele que está ao alcance das criaturas dotadas *apenas* da cognição icônica e indexadora. O conhecimento que é peculiar aos seres humanos é capaz de ir além das semelhanças que constatamos em coisas, desenhos e diagramas. O ser humano vê semelhanças onde nada é parecido fisicamente e, mais do que isso, é capaz de ver coisas como liberdade, responsabilidade e justiça.

As criaturas que alcançam uma integração entre as três camadas da alma são chamadas por nós de "pessoas". Aqui se pode ver mais claramente o sentido de um modelo de compreensão da alma, no qual ela tem *partes*. Se uma pessoa se deixa levar completamente por seus impulsos nutritivos e sensitivos, dizemos que não tem controle de si. A parte "baixa" da alma a governa. Se dizemos que ela precisa "elevar-se" ou "crescer", estamos sugerindo que ela precisa fazer algo para que suas capacidades intelectivas, racionais, sejam capazes de interferir nesses comandos que surgem nos andares "inferiores" da alma.

O QUE É ISSO, "PESSOA"?

Somos seres biológicos, mas também somos pessoas. Qual é a linha divisória? Do ponto de vista dos usos cotidianos, mas também no mundo jurídico, o núcleo duro de "pessoa" está na ideia de ser capaz de realizar ações que podem ser responsabilizadas. Alguém é uma pessoa se podemos responsabilizá-la pelas suas ações. Assim, no conceito de pessoa estão encapsulados outros, como *atribuição de responsabilidade, liberdade, vontade, direitos, deveres, obrigações*. Fica evidente então que "pessoa" é um conceito inevitavelmente moral, com uma longa história de formação. A estabilização desse conceito, na forma como o conhecemos hoje, aconteceu na era axial, e com isso estou dizendo que devemos às religiões históricas, à filosofia e à reflexão jurídica o começo de uma história que dura e segue aberta até hoje, com muitas perguntas difíceis de responder.

Quem é pessoa? Todos os seres humanos são pessoas? Uma forma de entrar nesse assunto consiste em lembrar as condições de atribuição de responsabilidade do ponto de vista do direito, no qual a expressão "pessoa" se refere a um ente que tem a capacidade de direitos e de obrigações. A criança tem direitos, mas não pode contrair a imensa maioria das obrigações do adulto; um adulto em condição de demência tem direitos, mas não pode contrair obrigações. Nesse sentido, as crianças e certos adultos não são considerados pessoas, pois os direitos, os deveres e as obrigações são atribuíveis dentro de certas condições mínimas de raciocínio e vontade que estão ligadas ao nível simbólico da alma que vimos anteriormente. A ausência da capacidade de raciocínio e da liberdade da vontade, que são características do nível superior da alma, desqualifica-os para o exercício *pleno* da pessoalidade, como no exemplo da criança e do adulto em condição de demência.

Pessoas são entes com capacidades de raciocínio e vontade. É hora de lembrar uma reflexão sobre o modo de funcionamento da vontade humana que devemos ao filósofo Harry Frankfurt. Segundo ele, a diferença essencial entre as pessoas e as demais criaturas está na *estrutura da vontade*. Desejos, motivos e vontades, quereres, todo mundo tem. Dizemos que o gatinho está miando perto da porta, porque *quer* sair para a rua. Abrimos a porta, ele sai, anda por aí e depois volta e mia na porta, pois *quer* entrar. Não estamos sozinhos no querer. As crianças e os dementes querem todo tipo de coisas. Ambos são capazes de apresentar argumentos e justificativas em favor de seus desejos. Ocorre que as pessoas têm, além da capacidade de ter vontade, a de pensar sobre o que querem. "Parece ser uma caracteristicamente peculiar dos humanos, entretanto, que eles são capazes de formar o que eu chamarei de 'desejos de segunda-ordem'."[5]

A ESTRUTURA DA VONTADE

A estrutura da vontade, segundo Frankfurt, consiste em *níveis*. O primeiro nível é o das vontades de primeira ordem. É a vontade de fazer isso ou aquilo, descansar um pouco, comer um pastel, jogar um pouco no meu celular. Nas vontades de primeira ordem, queremos fazer alguma ação particular, razoavelmente dentro de nosso alcance. O segundo nível é o da vontade de segunda ordem, cujo objeto é a nossa própria vontade. Quero descansar um pouco, mas reflito e penso que a realização dessa vontade é incompatível com a que tenho de preparar melhor a minha aula no tempo que me resta e que eu ocuparia para descansar; quero comer um pastel, porque sinto fome, mas repenso e percebo que a realização dessa vontade é incompatível com a que tenho de comer saudavelmente e de emagrecer um pouco. Quero jogar *Call of Duty*, mas lembro que na última vez que fiz isso perdi a noção do tempo e jurei que não faria mais isso. "Pessoas" são criaturas que possuem, além da capacidade de formar uma vontade, a de *formar uma vontade sobre sua vontade de primeira ordem*. Sem essa condição, não podemos falar em vontade livre, em liberdade da vontade. Se não tivermos a capacidade de refletir sobre as vontades, não somos plenamente uma pessoa. Ficamos, por assim dizer, reféns de nossa própria vontade (de primeira ordem).

Aristóteles disse isso de um jeito mais direto: *a vontade humana é deliberativa*. Diferentemente do que acontece quando *gostamos* ou não do sabor de algo, por simples contato, a vontade parece envolver algum tipo de avaliação, de consideração, de argumentação, que leva em conta a consciência que temos do tempo, do futuro. E podemos, em algum momento desse processo, concluir que, se levarmos adiante aquela vontade, se a realizarmos, isso poderá não ser bom para nós. Podemos então *desejar não ter aquele desejo* ou ter vontade de beber, mas é possível ter uma segunda vontade, que consiste na de deixar a primeira de lado. Isso pode ser chamado de "vontade deliberativa" porque, por assim dizer, fazemos uma conversação interna, examinando as razões que temos para fazer uma coisa ou outra. Não é por acaso que costumamos falar em ter "força de vontade", ou em "pessoas fracas", nos casos em que descumprimos nossa própria vontade.

Faz um calor insuportável enquanto escrevo. Eu vou à cozinha e abro a geladeira para pegar água. E vejo já uma cervejinha gelada, que sobrou do final de semana. Bebo água ou cerveja? Eu tinha me prometido fazer uma semana seca. Mas é só uma cervejinha, para amenizar o calorão.

Mais de uma vez, consultei a lista de indicadores de alcoolismo para ver se deveria me preocupar um pouco mais com meu gosto por uma cervejinha. Eu lia os itens da lista respondendo, *não, não*, até chegar no item que pergunta se somos capazes de parar de beber quando queremos. É claro que eu posso parar quando quiser, eu pensava, sem deixar de me dar conta que isso não seria fácil. A minha família teve casos de alcoolismo importantes. Um dos meus tios é protagonista de histórias que lembramos em um misto de riso e medo, pois ele tinha o hábito de convidar os amigos para conversar e beber, para ver quem aguentava mais garrafas de cerveja. Ele morreu jovem, e deixou para nós uma mensagem sombria sobre a tenuidade da linha que separa a cervejinha do alcoolismo. O bêbado não é dono de si mesmo, diziam os mais velhos. Ele é prisioneiro de sua vontade de primeira ordem.

Até pouco tempo atrás, a lista dos vícios incluía apenas *substâncias* como o álcool, o fumo e as drogas, e os *comportamentos* como os jogos de azar, compras ou sexo. Fala-se agora em vício no uso de redes sociais, telefones celulares, telas. A expressão "vício em internet" surgiu nos anos 1990 e hoje está consolidada. O conceito de dependência, física ou psicológica, de substâncias ou comportamentos como o jogo, que indica uso ou repetição compulsiva com consequências negativas e descontrole pessoal, foi estendido, nos últimos 30 anos, para os comportamentos ligados ao uso da internet. Logo a seguir vou entrar no debate sobre se é ou não correto falar em vício, no caso da internet, *smartphones* e redes sociais. Qualquer que seja a conclusão, parece já evidente que o uso excessivo desses dispositivos por crianças e adolescentes explora e acentua a fragilidade de formação das vontades de segunda ordem.

Não faltou quem avisasse sobre os riscos contidos nas novas tecnologias. Como o Capitão Nolan, na Batalha de Balaclava, muitos pesquisadores fizeram gestos enérgicos e escreveram mensagens de advertências sobre o desastre iminente. Nada conteve o uso abusivo das telas e redes sociais. Hoje repetimos, adaptadas, as palavras de um general francês que viu do alto de uma colina o massacre da Cavalaria Ligeira: é magnífico, mas isso não é educação.

EM RESUMO

Neste capítulo, aprofundo a reflexão sobre a espiritualidade a partir de uma análise das noções de pessoa, alma e vontade. Começo com uma referência à canção de John Lennon "Whatever Gets You Through the Night", inspirada na frase de um evangelista: "não importa, é o que te ajuda a atravessar a noite". Essa perspectiva ilustra a condição espiritual contemporânea, na qual buscamos soluções pessoais de sentido.

Para melhor expor a associação entre espiritualidade e elevação, recorro a uma digressão sobre as relações entre corpo e alma. Utilizo o modelo aristotélico, que concebe a alma em três níveis hierárquicos e interdependentes: a alma vegetativa (responsável pela nutrição e reprodução), a alma sensitiva (responsável pelas sensações) e a alma intelectiva (responsável pelo pensamento).

Estabeleço um paralelo entre esse modelo e a classificação dos signos proposta por Charles Peirce: ícones (que representam por similaridade), índices (que representam por contiguidade ou causalidade) e símbolos (que representam por convenção). Assim como os símbolos nada fazem sem os índices e ícones, também a alma intelectiva depende das funções das almas sensitiva e vegetativa.

Essa estrutura hierárquica nos ajuda a compreender o conceito de "pessoa". A pessoa emerge precisamente na integração das três camadas da alma, sendo capaz não apenas de se nutrir e sentir, mas também de se elevar ao pensamento simbólico que transcende o imediato. Do ponto de vista jurídico e moral, o conceito de pessoa está intrinsecamente ligado à capacidade de responsabilização – um conceito cuja estabilização se deu durante a era axial.

Aprofundando a análise da pessoalidade, recorro a Harry Frankfurt para destacar que o elemento distintivo das pessoas é a estrutura de sua vontade. Enquanto todos os seres vivos possuem desejos de primeira ordem (querer fazer algo específico), apenas as pessoas são capazes de formar desejos de segunda ordem – desejos sobre seus próprios desejos. Essa capacidade reflexiva, que Aristóteles chamou de "vontade deliberativa", é o que possibilita a liberdade e a autodeterminação.

O capítulo conclui com uma reflexão sobre os vícios modernos, especialmente aqueles relacionados às tecnologias digitais. A definição tradicional de dependência, aplicada a substâncias como álcool e drogas ou comportamentos como jogos de azar, foi estendida nas últimas décadas para incluir o uso compulsivo de internet, *smartphones* e redes sociais. Independentemente de como classificamos esse fenômeno, fica evidente que o uso excessivo desses dispositivos por crianças e adolescentes explora e acentua a fragilidade na formação de suas vontades de segunda ordem.

Notas

[1] A frase "*I am a sect myself*" está em uma carta de Thomas Jefferson, endereçada a Ezra Stiles Ely, datada de 25 de junho de 1819.

[2] Bellah, 1964.

[3] Há uma excelente tradução para o português do livro de Aristóteles, *De Anima*, publicada pela Editora 34. Veja na bibliografia.

[4] Veja, sobre esse tema, Wittgenstein, 1992.

[5] Frankfurt, 1988, p. 12.

INFÂNCIA E TECNOLOGIA

> "Ter que ficar parado à espera enquanto o charme, a maleabilidade, a inocência e a curiosidade das crianças se degradam e depois se transfiguram nos traços medíocres de pseudoadultos é doloroso, desconcertante e, sobretudo, triste. Mas me consolo com essa reflexão: se nada podemos dizer sobre como impedir um desastre social, talvez possamos também ser úteis tentando compreender por que isto está acontecendo." (Neil Postman, 1982)

A LEI N. 15.100/2025: 18 ANOS DE ESPERA

A n. Lei n. 15.100/2025, de 13/01/2025, que regulou o uso de dispositivos eletrônicos nas escolas, associa o excesso de uso desses aparelhos a "sofrimento psíquico" e danos à "saúde mental". Essas expressões foram usadas no texto da lei. Os itálicos são meus:

> As redes de ensino e as escolas deverão elaborar estratégias para tratar do tema do *sofrimento psíquico e da saúde mental* dos estudantes da educação básica, informando-lhes sobre os riscos, os sinais e a prevenção do *sofrimento psíquico* de crianças e adolescentes, incluído o uso imoderado dos aparelhos referidos no Art. 1º desta Lei e o acesso a conteúdo impróprios.

> As redes de ensino e as escolas deverão oferecer treinamentos periódicos para a detecção, a prevenção e a abordagem de sinais sugestivos de *sofrimento psíquico e mental* e de efeitos danosos do uso imoderado das telas e dos dispositivos eletrônicos portáteis pessoais, inclusive aparelhos celulares.
>
> Os estabelecimentos de ensino disponibilizarão espaços de escuta e de acolhimento para receberem estudantes ou funcionários que estejam em *sofrimento psíquico e mental* decorrentes principalmente do uso imoderado de telas e de nomofobia.[1]

A história da proibição dos dispositivos eletrônicos nas escolas brasileiras lei começou em outubro de 2007, quando o deputado federal Pompeo de Mattos (PDT) apresentou um projeto de lei (PL 2246) com a seguinte ementa: "Veda o uso de telefones celulares nas escolas públicas de todo o país". O projeto tinha apenas quatro linhas e três artigos. O primeiro deles era "Fica proibido o uso de telefone celular nas escolas públicas do país".

A justificativa falava em "assegurar a essência do ambiente escolar", pois os estudantes tinham sua atenção desviada para os aparelhos, perdiam a concentração, trocavam "torpedos" durante as aulas, usavam os aparelhos para jogar, se exibiam com modelos novos, não conseguiam deixar os telefones desligados, "tanto é o apego e a atenção dispensada". A justificava mencionava, ainda, a opinião de psicólogos, segundo os quais o celular "prejudicava o aprendizado e a socialização face a face" e tirava o sentido do recreio; informava que outros países, como a Alemanha, já tomavam medidas no mesmo sentido. O projeto foi aprovado na Comissão de Educação e Cultura. Outros deputados apresentaram projetos semelhantes, e foram apensados ao projeto original. Em outubro de 2009, ele foi considerado "constitucional" e engavetado. Em janeiro de 2011, o projeto foi arquivado, sem aprovação.

Ainda em 2007, a Assembleia Legislativa do Estado de São Paulo discutiu um projeto de lei idêntico ao de Pompeo de Mattos, com uma justificativa semelhante: o celular desviava a atenção dos estudantes, comprometia da concentração, trazia os jogos para a sala de aula etc. Em 2008, a Assembleia Legislativa do Ceará aprovou a Lei n. 14.146/2008, no mesmo sentido: "Ficam os alunos proibidos de utilizar telefone celular, walkman, discman, MP3 Player, Ipod, bip, pager e outros aparelhos similares, nos estabelecimentos de ensino do estado do Ceará, durante o horário das aulas". Ainda em 2008, a Câmara de Vereadores de Santa Maria, no Rio Grande do Sul, aprovou a Lei n. 5099/2008, que estabeleceu a "proibição do uso de aparelhos celulares, assim como de áudio e vídeo durante o horário de aula nas escolas públicas e particulares de Santa Maria".

As leis propostas em Brasília, São Paulo, Ceará e no Rio Grande do Sul (há outras, da mesma época) em 2007 e 2008 foram unânimes em apontar os prejuízos que as crianças estavam tendo em atenção e concentração, mas não mencionavam nas justificativas o sofrimento psíquico dos *alunos*. Sob esse aspecto, o que importava, 18 anos atrás, estava nas entrelinhas dos textos: o sofrimento psíquico dos professores, que perdiam o controle da sala de aula. Poucas coisas são mais perturbadoras para um professor do que ter a sensação de falar com paredes. Ao perder a atenção e a concentração dos alunos, eles estavam perdendo o sentido de seu trabalho. A Lei n. 15.100/2025 não menciona os prejuízos à saúde mental dos professores e a perda pedagógica que ocorre quando o celular corre livre e solto na sala de aula. Quem é professor sabe que essa é uma das razões mais importantes para essa proibição. Antes tarde do que mais tarde.

ENTRE O "USO IMODERADO" E O "VÍCIO DIGITAL"

A Lei n. 15.100/2025 afirma que as situações de "sofrimento psíquico e mental" podem ser "decorrentes" do "uso imoderado" de aparelhos eletrônicos e telefones celulares.

Como devemos entender o que é o "uso imoderado"? Jonathan Haidt, um dos grandes divulgadores do problema do uso excessivo dos *smartphones* e das redes sociais, vai além da expressão "uso imoderado". Ele fala diretamente em "vício", mas não oferece ao leitor de *A geração ansiosa* uma caracterização do viciado. Ele se contenta em dizer que deve ser diferente do vício em drogas como a cocaína ou o ópio, que criam estados inequívocos de abstinência e prejudicam o bem-estar. No único momento do livro em que ele fala dos "sinais de vício", faz isso com um pequeno recuo, pois pede ao leitor que "procure sinais de vício *ou uso problemático*". Eis a lista:

> as redes sociais podem estar causando problemas a seus filhos se:
> • seu uso interfere na rotina e nos compromissos diários [...]
> • seus filhos sentem uma forte necessidade de verificá-las
> • seus filhos mentem ou agem furtivamente para ficar on-line
> • seus filhos muitas vezes preferem as redes às interações presenciais
> • seu uso impede que seus filhos tenham ao menos oito horas de sono [...]
> • seu uso impede que eles façam atividade física regularmente
> • seus filhos continuam usando as redes mesmo depois de expressar o desejo de parar.[2]

A recomendação dele é que a criança que apresenta "diversos sinais" dessa lista deve fazer uma "desintoxicação digital". O leitor fica com a sensação de que Haidt bate no cravo e na ferradura, pois ele oscila entre falar em "vício" e "problema". Haidt se apoia nos livros de Anna Lembke para falar em "vícios digitais". Lembke escreveu que "o *smartphone* é a agulha hipodérmica dos tempos modernos, fornecendo incessantemente dopamina digital para uma geração plugada".[3] Ele concorda com essa metáfora, mas não oferece ao leitor uma caracterização do vício digital além dos itens que relacionei anteriormente.

Esse tema, "vício ou problema?" é complicado. Quais são as relações entre o uso dos *smartphones* e redes sociais *e* as situações de sofrimento psíquico? A Lei n. 15.100/2025 fala em "decorrência" e "efeito" duas formas de indicar algo como "resultado", "consequência", "influência", "provocação", "causa". O uso (imoderado, descontrolado, exagerado, viciante) de *games, smartphones* e redes sociais *causa* sofrimentos psíquicos ou está *correlacionado* a eles?

Jonathan Haidt fez uma afirmação ousada quando acrescentou a frase "*Como a infância hiperconectada está causando uma epidemia de transtornos mentais*" no título do livro. Ele escolheu "causar" no título, mas ao longo das mais de quatrocentas páginas preferiu falar em "correlação" entre telas e transtornos.

O estabelecimento de uma relação causal exige que demonstremos que a mudança em uma variável (a causa) provoca uma mudança em outra variável (o efeito). Para isso, é preciso mostrar alguma evidência, mediante controles e análises que eliminem outras explicações concorrentes. Há situações nas quais duas variáveis aparecem juntas sem que uma seja a causa da outra. Nesse caso se fala apenas em correlação. Haidt sabe que correlação não é uma prova de causalidade.[4] Ele argumenta que suas afirmações estão baseadas em estudos correlacionais, mas também em experimentos. "Quando escrevo esse livro, em 2023, há muito mais pesquisas disponíveis – tanto experimentais quanto correlacionais – que comprovam os danos que as redes sociais provocam em adolescentes, em especial meninas na puberdade."[5]

Mais adiante, depois de se perguntar se "as redes sociais são uma causa (de ansiedade etc.) ou há apenas uma correlação", ele afirma: "No todo, as dezenas de experimentos que Jean Twenge, Zach Rausch e eu reunimos confirmam e estendem os padrões encontrados nos estudos correlacionais: o uso de redes sociais *causa* ansiedade, depressão e outros problemas, e não está apenas *correlacionado* a eles."[6]

Eu procurei identificar o momento no qual a literatura começou a convergir no uso da expressão "vício" para indicar comportamentos de uso da internet. A minha conclusão foi que expressões como "vício em internet" (em telas etc.), surgiram timidamente entre 1995 e 1998. Nessa época, os "vícios" eram o e-mail, as salas de chat e os jogos on-line. Os *smartphones* são do final desse período, que culminou com a popularização dos telefones com câmera frontal, a partir de 2010. Nesse mesmo período, aparecem as grandes redes sociais, como Instagram e Facebook, fase na qual a expressão passa a ser usada largamente. Estamos nisso desde estão.

Cada uma dessas etapas, internet, *smartphones* e redes sociais trouxe consigo reconfigurações do modo como empregamos o nosso tempo diário. Os benefícios foram imensos. Ninguém hoje vai ao banco mais do que uma ou duas vezes por ano, se tanto, por exemplo. É possível comprar praticamente tudo sem sair de casa. Podemos trabalhar em casa e sair sem documentos e dinheiro, apenas com o celular. Temos muita risada à disposição com os vídeos de gatinhos e cachorrinhos. Muita coisa boa aconteceu e segue acontecendo. Ao mesmo tempo, como mostra a Lei n. 15.100/2025, falamos com alguma naturalidade em "sofrimento psíquico e mental" como efeitos do "uso imoderado" dessas coisas todas.

Em apenas 30 anos, de 1995 a 2025, essas tecnologias, como insiste Haidt, "reconfiguraram a infância" e não só ela. Há hoje uma nova forma de funcionamento da cultura, da sociedade, da economia e da política, ligada a essas tecnologias. Na base disso tudo está o garimpo de informações sobre os nossos comportamentos. O cidadão hoje se transforma em "usuário".

Haidt diz que estamos vivendo um tipo novo de capitalismo, que, além de explorar os recursos naturais e a força de trabalho, dedica-se à exploração de nosso psiquismo. Trata-se do "capitalismo límbico".[7] A ideia foi formulada pela primeira vez em 2019, por David Courtwright. A expressão "límbico" deve-se ao fato de que há, em nós, um conjunto de estruturas, com uma localização precisa, que tem um papel muito importante na regulação de nossas emoções, na memória e em nossos comportamentos motivacionais ligados a satisfação e ao prazer. Trata-se do sistema límbico, que está ligado ao prazer. Gostamos de fazer coisas prazerosas e de repeti-las. Eventualmente, descobrimos novos prazeres, e refinamos esses prazeres. Isso é algo muito antigo e não foi inventado por ninguém. O vício no álcool, no cigarro e nas drogas não está ligado a aparelhos sofisticados, algoritmos e softwares. Tomamos o primeiro gole, o primeiro picolé e gostamos; simples assim. Depois vamos em frente. O capitalismo límbico de que falam autores como Courtwright e Haidt é coisa nova. É o surgimento do "vício por design". A expressão "capitalismo límbico" é o rótulo para indicar a maneira como as plataformas digitais exploram nossas respostas emocionais profundas e instintivas para capturar e manter a nossa atenção. Os desenhistas e os programadores das redes sociais exploram algumas características do comportamento humano, para reforçar condutas que terminam criando vícios comportamentais e impactos negativos no bem-estar emocional dos usuários.[8]

TECNOLOGIA E DESLOCAMENTO

Para os professores, a Lei n. 15.100/2025 deveria ter sido aprovada faz já muito tempo. Eles pediam por ela desde 2007, como mostram os projetos de lei que pipocaram no país desde aqueles anos. Dezoito anos depois, a situação didática piorou muito. Nesse período, surgiram e se agigantaram a redes sociais e raptaram a infância das crianças. A proibição de 2025 é uma oportunidade de virada de chave, se compreendermos bem a gravidade do que está acontecendo. O que está em jogo no cancelamento do celular no horário das aulas, mais do que um pedido de socorro feito para a escola, é uma oportunidade para uma nova compreensão sobre como a escola pode e deve se reinventar como um espaço de espiritualidade *e* tecnologia. Essas duas dimensões da vida humana não são apenas compatíveis. Uma não existe sem a outra, elas estão juntas desde sempre.[9]

Ao longo deste livro, eu me posicionei ao lado daqueles que entendem que temos uma relação essencial e complexa com as ferramentas e os instrumentos. Nós as criamos e elas também nos criam, nos formam, e nos mudam. Elas alteram a nossa consciência, o nosso modo de ser, que, por sua vez, as altera. O caso dos celulares e redes sociais é apenas mais um episódio na longa história que começa com a nossa hominização por meio da fala articulada.

O surgimento da fala humana articulada foi uma condição relevante para o surgimento da humanidade. Ela trouxe a nossa capacidade de fazer referência a eventos no passado, no futuro e distantes no espaço.[10] O deslocamento da informação no tempo e no espaço, decisivo para o ser humano, foi exponenciado pela escrita e pela prensa. O telégrafo, o telefone, o rádio e a televisão aumentaram, ainda mais, nossas capacidades de deslocamento, com consequências em muitos aspectos da vida humana. Mas isso ficou para trás. A internet, os *smartphones*, as redes sociais e a IA estão exponenciando a nossa capacidade de deslocamento mais uma vez, ao ponto em que é possível dizer que vivemos em uma época na qual não há mais um lugar no mundo para chamar de nosso. Perdemos o sentido de *lugar*? É possível que ele esteja sendo substituído por algum outro sentido, ligado aos destinos da Terra?

O DESAPARECIMENTO DA INFÂNCIA

Em seu livro *Sem senso de lugar: o impacto dos meios eletrônicos no comportamento social*,[11] Joshua Meyrowitz usou o exemplo da televisão para apoiar a afirmação que as tecnologias de comunicação moldam e influenciam as relações sociais. A televisão desencadeou uma mudança cultural, pois ela possibilitou interações sociais novas e igualitárias e radicalizou as experiências de deslocamento que somente estavam ao alcance das pessoas alfabetizadas. Ele lembrou que a leitura promoveu uma remoção de barreiras culturais, mas isso dependia da escolarização das pessoas e do acesso a livros. A televisão quebrou essa barreira. Diante dela a criança que ainda não sabia ler ficava exposta às mesmas imagens que os adultos. Todos assistiam às mesmas maravilhas e aos horrores; bastava olhar e ver. Isso teve consequências. A principal delas foi a mudança do sentido da própria infância. A infância começou a desaparecer, como observou Neil Postman.

A criança formava as noções de papéis e hierarquias sociais por meio da interação imediata com as pessoas que viviam em seu entorno: pais, parentes, vizinhos, amigos, professores, colegas. As informações relevantes que a criança obtinha sobre a vida passavam por um filtro comunitário importante. Nada chegava a ela sem ter passado pelo controle daqueles que a cercavam. Depois que a criança aprendia a ler, surgia uma nova possibilidade de acesso à informação, através de livros, revistas, jornais, cartas etc., que também passavam a ter controle parental e comunitário. Quando os pais eram leitores, eles guardariam na parte alta ou fechada da estante as revistas ou livros que deveriam ficar longe do olhar das crianças.

A televisão mudou isso. Os aparelhos foram instalados na sala principal da casa e se transformaram em janelas que podiam ser espiadas sem restrição. As crianças ficavam expostas a todo tipo de conteúdo. De um ponto de vista antropológico, a televisão transformou-se em um dispositivo de relativização das experiências familiares. Ela mostrava conteúdos que permitiam comparar situações, valores, possibilidades. Ela diminuía os mistérios do mundo em alguns pontos e aumentava em outros. O mundo dos segredos adultos, que era interditado às crianças, começava a ser bisbilhotado aleatoriamente. O mundo não era mais o que acontece no *aqui* e no *agora* presencial. Em consequência disso, a formação de valores e noções, que dependia de fontes comunitárias imediatas, foi brutalmente *enriquecida* e *congestionada*.

A televisão transportou as pessoas para outras histórias e geografias, e isso representou um enriquecimento informativo. Essa nova e imensa massa de informações trouxe consigo, no entanto, o potencial da contradição, das vozes alternativas. As noções e valores da criança sobre coisas como sua identidade de grupo, autoridade, hierarquia, etiqueta, identidade e papéis de gênero, passam a ser bombardeadas em formas e velocidades sem precedentes. O livro, o jornal, o rádio, o telefone, o cinema, supunham alguma condição de acesso ou licença. Isso desapareceu com a televisão.

A criança de antes da era da televisão respondia a pergunta "quem sou eu e para onde devo ir" pensando naquilo que via e vivia na sua casa e na rua. Para viajar a outros mundos ela precisava ir à escola e aprender a ler. Depois, precisava conseguir livros e um lugar quieto num canto da casa para ler.[12] Isso não era pouco e não era para todas as crianças. As felizardas tinham seus deslocamentos organizados pela mão que alcançava o livro. Um dia, o aparelho de televisão foi instalado na sala e a imaginação delas foi tomada pelas imagens. Parecia que começava uma era de difusão mais democrática das informações. Para ver TV ninguém precisava ir à escola e aprender a ler. Ela facilitou os deslocamentos da criança. Ninguém sabia muito bem para onde elas estavam indo. A formação de seus valores ganhou uma nova fonte, mas ninguém sabia muito bem o que estava saindo dela.

UM NOVO E SELVAGEM OESTE

Há muitas maneiras de caracterizar a infância. A mais simples consiste em dizer que é a época de desenvolvimento na qual a criança precisa de cuidados e proteção constantes, não apenas de seu corpo, mas de seu desenvolvimento espiritual, psíquico, social. Não menos importante do que a comida, a roupa, e a proteção contra a violência física do mundo, é o acolhimento amoroso. Junto a isso, é preciso que as *informações* sobre o mundo cheguem à criança na dose e no momento adequado. Essa condição está terminando. Qualquer informação está disponível para qualquer criança, à distância de dois ou três cliques. Nas condições atuais de socialização, o mundo desaba desorganizadamente sobre as crianças no instante em que elas começam a rolar as telas.

O mundo da televisão, que existiu até o começo do século XXI, desapareceu. O que separa uma criança de 4 anos de idade, analfabeta, das imagens mais aviltantes que o ser humano pode criar são somente alguns rolamentos do seu pequeno polegar. Nesse novo e selvagem oeste, não há mais gerenciamento de informação nem aprendizagens sequenciais. Mais do que isso, elas estão sendo submetidas à novas formas de tornar-se sujeito.

A ALFABETIZAÇÃO COMO METÁFORA E OS PSEUDOADULTOS

A escrita e o letramento são tecnologias complexas, que surgiram tardiamente na história, que testemunha a lenta transformação dos suportes que foram usados para a escrita, desde as tabuinhas de barro até o papel e as telas dos *smartphones*. Depois de séculos de uso de um mesmo suporte, o papel, temos agora a leitura nas telas. Uma pergunta que tem sido feita é sobre se a leitura feita em telas provoca algum efeito diferente no leitor, quando comparada com a leitura feita no papel. Maryanne Wolf, uma neurocientista que pesquisa as relações entre a leitura e o desenvolvimento do cérebro, pensa que sim.

No livro *O cérebro no mundo digital*,[13] Wolf traz um estudo sobre a alfabetização e a leitura na era das telas. A premissa da qual ela parte é que o cérebro humano *evoluiu* para a capacidade de leitura, pois *ler* não é algo natural como *falar*. É com muita naturalidade que perguntamos a uma mãe se o seu bebê já começou a falar, pois se espera que, por volta de 1 ano de idade, a criança comece a dizer as primeiras palavras. Mas temos que esperar para perguntar se a criança está lendo. A resposta pode vir acompanhada de qualificações: *mal, muito devagar, com dificuldade, ainda não compreende, com fluência; cansa, entedia, é prazeroso, encanta, quer passar o dia fazendo isso*. Somos naturalmente falantes, mas ninguém nasce lendo. A leitura é uma habilidade conquistada por meio de um longo e nem sempre bem-sucedido treinamento. E não se trata de apenas aprender a decifrar um código. Aprender a ler é aprender comportamentos.

O primeiro desses comportamentos consiste em aprender a ficar quieto, imóvel, em um autêntico (e quase invencível) desafio de autocontrole:

> Frases, parágrafos e páginas são desdobrados lentamente, em sequência, e de acordo com uma lógica que está longe de ser intuitiva. Na leitura precisa-se esperar para obter a resposta, esperar para chegar a uma conclusão. E enquanto se espera, fica-se obrigado a avaliar a validade das frases, ou, pelo menos, saber quando e em que condições suspender o juízo crítico.[14]

O leitor, por mais iniciante que seja, é alguém que segue as regras de uma tradição lógica e retórica que exige atenção, cautela e rigor, em uma atitude reflexiva, analítica, paciente e assertiva, "sempre pronta, após a devida consideração, a dizer não a um texto".[15] Não é pouco; ler pode cansar e doer. Em compensação, criança leitora é criança bem-educada. Pois no decorrer do aprendizado bem-sucedido da leitura, ela aprende modos, maneiras que são um análogo social da alfabetização.

O comportamento de leitura exige uma prática de autocontrole. A conquista do nível de autocontrole exigido pela leitura demanda um bom tempo de aprendizagem, muitos incentivos e algum ensinamento. A alfabetização e o domínio da leitura são, nesse sentido, uma metáfora do desenvolvimento humano. A alfabetização cria uma hierarquia intelectual e significa muito mais do que o domínio de um código. Ela realiza os valores sociais da reflexão e da análise, da autocontenção e do deslocamento paciente e assertivo do leitor no mundo. Uma forma essencial de tornar-se adulto é ser alfabetizado. Se isso faz sentido, e se a capacidade de leitura fluente é uma característica da vida adulta no mundo de hoje, vivemos em um mundo de crianças grandes, em uma pseudoidade adulta.

A natureza da leitura profunda, como explica Maryanne Wolf, faz seu exercício repetido ter consequências importantes para aprendizados acumulativos. A natureza da vida baseada em ver televisão ou no giro do polegar na tela do celular, na medida em que aciona em nós apenas habilidades elementares, tem como consequência importante a nossa fixação... em habilidades elementares. Ver cada vez mais televisão não nos leva a aprender a ver melhor televisão.

ERRAR POR CAUTELA

Volto agora ao tema do vício. Predomina na literatura médica e psicológica de hoje uma atitude de preocupação, mas também de cautela na aplicação das expressões "vício", "dependência", "adição", "distúrbio" ou "transtorno" para o uso da internet, *smartphones* e redes sociais. A opção da lei brasileira foi pela cautela, com a escolha de "uso imoderado".

A cautela na forma de identificação do problema está presente nos debates sobre a incorporação do tema pelo *Manual Diagnóstico e Estatístico de Transtornos Mentais* (DSM). Trata-se de uma publicação amplamente utilizada pelos profissionais de saúde mental e é frequentemente atualizada, de modo a incorporar novos conhecimentos e pesquisas em saúde mental. O DSM apresenta os critérios que devem ser observados para o diagnóstico de transtornos mentais. A versão mais recente dele é conhecida como DSM-5-TR, que não usa expressões como "adição" ou "vício" digital. O DSM-5 registra apenas a expressão "Internet Gaming Disorder", "transtorno de jogo na internet" e refere-se a ela como uma condição que precisa de mais estudos para uma possível inclusão em futuras edições. O transtorno de jogo na internet é apresentado como um padrão de comportamento associado ao uso de jogos eletrônicos ou *videogames*, no qual o usuário apresenta condições como a perda de controle sobre o tempo de uso, priorização crescente do jogo sobre outras atividades e interesses, seguimento no jogo apesar das consequências negativas, sintomas de abstinência, enganação de familiares em relação ao tempo de uso, uso do jogo para aliviar humores negativos. O DSM-5 reconhece que o "transtorno de jogo na internet" é um tema importante para a saúde pública, mas assume uma posição cautelosa, na medida que não identifica clareza nas metodologias usadas para estabelecer sua prevalência. Há uma corrente de estudiosos do tema que são francamente contrários, nas condições atuais, a essa medicalização do problema.

A história da comparação do uso intenso da internet com distúrbio de comportamento começou em 1984. A primeira relação entre "internet" e "adição" foi feita naquele ano por Kimberly Young, uma jovem psicóloga que criou, na mesma época, um Centro para Adição em Internet.[16] Desde então ela é uma referência na área. No livro *Apanhado na rede,* publicado em 1998, ela descreve os resultados de um estudo de três anos sobre adição na internet e relata histórias de pessoas cujas vidas foram prejudicadas pela compulsão em navegar na internet, jogar e frequentar chats intermináveis. O subtítulo do livro mostra que ela não vê problemas (em 1998) em falar de vício em internet: "Como reconhecer os sinais do vício em internet e uma estratégia vencedora para recuperação". O livro oferece orientações para o tratamento das compulsões.

A patologização do uso imoderado da internet foi rápida. O conceito de "adição digital" foi adotado por muitos autores. Em 2011, a mesma psicóloga, Kimberly Young, publicou um manual e guia para avaliação e tratamento do vício em internet.[17] Anna Lembke, em *Nação dopamina,* de 2010, comparou o *smartphone* a uma agulha hipodérmica que fornece dopamina digital para a geração plugada. O *smartphone* seria uma "droga digital", mas ela reconhece que há uma diferença substantiva entre as drogas injetáveis e os usos digitais. Não podemos, a essa altura da nossa forma de vida, dispensar essas novas tecnologias. A solução está em aprender a usá-las saudavelmente, como a comida e o sexo.[18] A analogia entre a droga digital e as demais drogas, que surgiu na primeira geração de estudos, foi amenizada, como se vê na cautela no caso do DSM.

O COMPUTADOR E O ESPÍRITO

Sherry Turkle, por exemplo, foi mais cautelosa do que Young e Lembke. Ela considerou perigosa a analogia entre as telas e as drogas e não aceitou a comparação do *smartphone* com drogas como a heroína. O usuário da heroína pode livrar-se da droga. Não parece ser o caso dos *smartphones.* Ninguém pensa em removê-los de nossas vidas. A questão é aprender a usá-los.

> Em vez de pensar sobre adição, faz sentido confrontar essa realidade: estamos diante de tecnologias em relação às quais somos extremamente vulneráveis e nem sempre respeitamos esse fato. O caminho a seguir é

aprender mais sobre as nossas vulnerabilidades. Então podemos projetar a tecnologia e os ambientes em que as usamos com esses insights em mente. Por exemplo, como sabemos que a multitarefa é sedutora, mas não ajuda para o aprendizado, cabe a nós promovermos a "unitarefa"[19]

Turkle tem experiência no assunto. Ela reflete sobre isso desde antes de 1985, quando foi lançada a interface Windows, que facilitava a vida do usuário e contribuiu para tornar os computadores pessoais, como se dizia na época, *amigáveis*. Já não era mais preciso escrever instruções para o computador, linha por linha e o uso cresceu muito. Turkle acompanhou essa primeira explosão de consumo. Naquele ano ela publicou *O segundo eu: os computadores e o espírito humano*.[20] Foi o primeiro livro que reuniu em seu título as palavras "computador" e "espírito". A autora não estava interessada no que nós podemos fazer com os computadores, e, sim, nas coisas que eles fazem *em* nós, naquilo que eles fazem *de* nós. Ela queria mostrar que os computadores não eram apenas novas ferramentas para fazer mais e melhores coisas. O computador é uma máquina *que faz coisas conosco*. Ela escreveu o livro em uma época na qual o conceito de "mundo virtual" apenas começava a surgir, mas conseguiu descrever com precisão os sentimentos de deslocamento e desconexão entre o mundo presencial, físico, e o mundo das telas, virtual. Era evidente que esse novo mundo digital influenciava o desenvolvimento infantil e espiritual, pois os sentimentos e as convicções morais das crianças e dos adultos podiam ser alterados por forças das quais elas tinham pouca consciência.

Em 1995, Turkle publicou *A vida nas telas*, que aprofunda o tema das identidades virtuais e as possíveis consequências da vida on-line na autocompreensão pessoal e nas interações sociais. Mas ela não falava em adição. Foi somente no começo dos anos 2010 que o tema do vício digital ganhou força. Nicholas Carr, por exemplo, em *Os superficiais: o que a internet está fazendo com nossos cérebros* (2010) não usa expressões como "adição" ou "vício digital", mas carrega nas tintas para sugerir que o a interação constante com os dispositivos digitais poderia criar padrões de distração e superficialidade de atenção, impactando a qualidade da leitura. Em 2011, em *Sozinhos juntos: porque esperamos mais da tecnologia e menos uns dos outros*, Sherry Turkle abordou o tema da dependência em relação aos *smartphones* e redes sociais. Ela descreveu centenas de casos de adolescentes que diziam que a parte mais significativa de suas vidas estava nas redes sociais. Ela foi, creio eu, a primeira a descrever um novo tipo de ansiedade entre os adolescentes, ligada à aprovação e reprovação em redes sociais. A rede social Facebook, que foi criada em 2004, surgiu então como um tema da clínica psicológica.

Catherine Steiner-Adair é uma psicóloga clínica, pesquisadora e consultora de escolas. Em 2013, ela publicou *A grande desconexão: protegendo a infância e as relações familiares na era digital*, um livro que teve grande repercussão, pois nele há um alerta sobre os efeitos desorganizadores das novas tecnologias na vida das famílias e, particularmente, no desenvolvimento infantil. Ela levou o tema a um novo patamar. O livro trouxe relatos de centenas de casos clínicos, entristecedores e, muitas vezes, aterrorizantes, quase todos centrados no tema da desconexão familiar. Se Sherry Turkle apontou o dedo para as consequências do uso constante de ambientes de simulação, que desconectam a criança do mundo real e de si mesmas, Steiner-Adair foi mais adiante. Ela mostrou o empobrecimento da empatia, as vivências precoces de hipocrisia, o extravio da atenção, o rebaixamento dos padrões de relacionamento intrafamiliar. A autora não podia ser mais clara, ainda em 2013: "falar de vício não é uma hipérbole, é uma realidade clínica na vida de alguns usuários hoje". Jonathan Haidt, em *A geração ansiosa*, segue essa linha.

O fenômeno hoje é amplamente publicitado. No documentário *O dilema social,* de 2020, há entrevistas com executivos e profissionais de tecnologia. Eles afirmam que as plataformas são projetadas para *minerar* a atenção dos usuários. As tecnologias de redes sociais e jogos são desenhadas para serem viciantes.

São famosas as declarações dos criadores dessas tecnologias, como Steve Jobs, Chris Anderson, Evan William e outros. Desde o começo dessa onda, eles proibiram que seus filhos usassem livremente as telas, os *smartphones* e as redes sociais, conhecedores que são do modo de funcionamento delas. Eles usaram uma sabedoria típica dos fornecedores de drogas. Proibiram seus filhos de consumir aquilo que vendiam.

O computador e o smartphone fazem coisas conosco. Conhecemos a história. A fala e a escrita fizeram coisas conosco. A questão, mais uma vez, é de escola e aprendizado. Temos que saber usar melhor essas coisas.

EM RESUMO

Neste capítulo, examino a relação entre a tecnologia digital e a infância, partindo da Lei n. 15.100/2025 de janeiro de 2025, que regulamentou o uso de dispositivos eletrônicos nas escolas brasileiras. Essa lei, que associa o uso excessivo dos dispositivos digitais ao "sofrimento psíquico" e danos à "saúde mental", representa o desfecho de uma jornada iniciada em 2007, quando os primeiros projetos para banir esses dispositivos das escolas começaram a tramitar no Congresso Nacional.

O que mudou nesses 18 anos foi a percepção do problema: se em 2007 a preocupação central era a perda de atenção e a desconcentração dos alunos, em 2025 o foco recai sobre os danos à saúde mental. A lei menciona, explicitamente, a necessidade de "estratégias para tratar do tema do sofrimento psíquico" e a criação de "espaços de escuta e acolhimento" para estudantes afetados pelo "uso imoderado de telas".

Ao analisar a natureza desse problema, faço uma introdução ao debate sobre se devemos considerar o uso excessivo de *smartphones* e redes sociais como um "vício" causado ou apenas um "uso problemático" correlacionado. Jonathan Haidt, em *A geração ansiosa*, oscila entre estas terminologias. Uma tensão entre correlação e causalidade permeia toda a literatura especializada.

Apresento a evolução desse debate desde 1995, quando surgiram as primeiras referências ao "vício em internet", passando pela crescente preocupação com *smartphones* (após 2010) e redes sociais, até o conceito atual de "capitalismo límbico" – uma forma de exploração econômica que visa nosso sistema de recompensas neurológicas, criando o "vício por design". As plataformas digitais são deliberadamente projetadas para capturar e manter nossa atenção, explorando vulnerabilidades psicológicas para maximizar o tempo de uso.

Destaco como as tecnologias de comunicação alteraram, fundamentalmente, nossa experiência do espaço e do tempo, criando o que Joshua Meyrowitz chamou de perda de senso de lugar. Esse fenômeno, iniciado pela televisão e radicalizado pelas tecnologias digitais, alterou profundamente, a natureza da infância. Se a televisão já havia começado a eliminar as barreiras informacionais que separavam o mundo das crianças do mundo dos adultos, os *smartphones* eliminaram completamente essas fronteiras, em um "novo e selvagem oeste" onde vivem as crianças, onde não há mais gerenciamento de informação nem aprendizagens sequenciais.

Notas

[1] "Nomofobia" é uma abreviação e tradução de "*no mobile phone phobia*", fobia de ficar sem o celular ou de não poder usá-lo. Os primeiros registros dessa expressão datam de 2008, na Inglaterra.

[2] Haidt, 2024, p. 319. No original Haidt fala em "*addiction*".

[3] Lembke, 2022, p. 11

[4] Ele diz isso na introdução do livro.

[5] Haidt, 2024, p. 24.

[6] Idem, ibidem, p. 174. O itálico é dele. A distinção entre causa e correlação pode ser um bom tema para aulas de Filosofia, Matemática e Ciências Naturais nas escolas.

[7] Há outras versões, como as de Tim Wu (*The Attention Merchants. The epic struggle to get inside our heads*, de 2016), a de Adam Alter (*Irresistible: the rise of addictive technology and the bussiness of keeping us hooked*, 2017) e a de Shoshana Zuboff, *The Age of Surveillance Capitalism. The fight for a human future at the new frontier of power*, 2019).

[8] O documentário *O dilema docial* (2020) fala disso.

[9] Luciano Floridi (2025) sugere que é possível desenvolver uma "filosofia positiva da tecnologia".

[10] É evidente que há muito mais do que isso. Temos a capacidade de falar de eventos que não existem. Mas não há espaço aqui para entrar nesse tema.

[11] Meyrowitz, 1985. O livro ganhou o prêmio de "Melhor Livro sobre Mídia Eletrônica" de 1986 da Associação Nacional de Radiodifusão e da Associação de Radiodifusão Educativa.

[12] Clarice Lispector conta a história de um livro que pediu emprestado quando era criança. Uma colega de escola, filha do dono de uma livraria, prometeu-lhe o livro, mas sempre criava desculpas para não entregá-lo. Clarice sofria todos os dias com a espera. Quando finalmente conseguiu o livro, através da intervenção da mãe da colega, ela experimentou uma felicidade intensa e secreta, que descreveu como "clandestina". A crônica foi publicada originalmente no *Jornal do Brasil*, com o título "Felicidade clandestina".

[13] Wolf, 2019.

[14] Postman, 2012, p. 90.

[15] Idem, ibidem, p. 91.

[16] O "Center for Internet Addiction". O centro existe até hoje, sob o nome de "Net Addiction". Ver www.netaddiction.com. Young escreveu o primeiro artigo acadêmico sobre o tema, usado a expressão "adição em internet". Ver Young, 1998b.

[17] Young, 2011. Há uma tradução para o português.

[18] Lembke, 2022.

[19] Turkle, 2015, p. 216.

[20] Idem, 1984.

PARA CONTINUAR A CONVERSA

"O único equipamento indispensável da 'Escola' são os professores: a ênfase atual em aparelhos de todos os tipos é quase totalmente destrutiva da 'Escola'. Um professor é alguém em quem alguma parte ou aspecto da passagem de uma herança está viva. Há algo em que ele é um mestre em repartir (um professor ignorante é uma contradição) e ele pensou bem sobre o valor e a maneira pela qual ele transmite a um aprendiz o que ele conhece. Ele próprio é o guardião daquela 'prática' na qual uma herança do entendimento humano sobrevive e é cada vez mais renovada ao ser transmitida aos recém-chegados. Ensinar é fazer com que, de alguma forma, algo de valor selecionado por um professor seja aprendido, compreendido e lembrado por um aprendiz. Assim, o ensino é uma atividade variada que pode incluir insinuar, sugerir, insistir, persuadir, encorajar, orientar, apontar, conversar, instruir, informar, narrar, palestrar, demonstrar, exercitar, testar, examinar, criticar, corrigir, ensinar, treinar e assim por diante – tudo aquilo que, de fato, não desmente o compromisso de transmitir um entendimento. E aprender pode ser olhar, ouvir, prestar atenção, ler, receber sugestões, submeter-se à orientação, comprometer-se com a memória, fazer perguntas, discutir, experimentar, praticar, fazer anotações, gravar, reexpressar e assim por diante – qualquer coisa que não desminta o compromisso de pensar e compreender." (Michael Oakeshott, 2001)

Eu comecei este livro pedindo ao leitor levar a sério a diferença entre *estar na* escola e *ver a* escola. A distinção foi usada como um recurso metodológico para compreender melhor as razões de alguns extravios que estão na origem de algumas situações atuais. Eu sustentei que quando *estamos* na escola – eu chamei isso de *posição agentiva*, nos regulamos uns pelos outros mediante regras institucionais de civilidade, levando em conta os objetivos de nosso encontro. De outro lado, quando ocupamos o lugar da *visão teórica* temos que nos orientar pelo objeto que queremos compreender e pelas regras de investigação e argumentação humanas. São duas condições espirituais diferentes. Na primeira condição temos que exercer nossa capacidade de tolerância diante de ações e comportamentos que, eventualmente, nos desagradam nos outros agentes. A comunidade escolar foi constituída para oferecer formação humana: valores, habilidades, competências, conhecimentos.

A comunidade teórica privilegia a atenção às regras metodológicas da área, o respeito às evidências e dados, a busca de consistência. Eu procurei mostrar que houve um momento, na história recente da teorização pedagógica, de predomínio de uma sociologia funcionalista, que viu nela um aparelho ideológico, um mecanismo de reprodução da ideologia dominante, uma instituição domesticadora. Essas categorias teóricas eram recursos para a reflexão sociológica, e, equivocadamente, foram vendidas como *descriç*ões da escola. Algo que poderia ter sido apenas um equívoco metodológico grosseiro se transformou em um espantalho desestimulador do trabalho docente. A dimensão política da educação veio para o primeiro plano, a formação didático-pedagógica foi desvalorizada, a docência foi esvaziada. E junto a isso surgiu o sindicalismo dos "trabalhadores da educação". Essa foi a cereja que acrescentamos no bolo do nivelamento da escola a outros movimentos sociais. Na sucessão de greves demoradas, nos anos 1980, a vida das crianças e a dos jovens, nas universidades, foi usada como bucha de canhão na briga dos adultos. A voz, a importância, o poder e a autoridade da escola se desgastaram.

O poder não deixa vácuo. A classe média começou a abandonar a escola pública e o ensino particular cresceu, procurado como uma proteção contra as interrupções paredistas. Temos hoje no Brasil um sistema de educação dual. 9,4 milhões de crianças e adolescentes, 20% do total, estudam em escolas privadas, com integralidade de professores, salas de aulas menores e protegidas das interrupções causadas por greves, em instalações de boa qualidade. A escola pública atende, como pode, os outros 80%, quase 40 milhões de crianças e adolescentes. A comparações dos dois sistemas é complexa, pois o Índice de Desenvolvimento da Educação Básica (Ideb), que é a principal avaliação da qualidade do ensino da educação básica, discrimina os dois sistemas. Todas as escolas públicas devem participar do Ideb; já as escolas privadas participam apenas por amostragem. De qualquer forma, os dados colhidos desde o começo dessas avaliações mostram que a rede privada tem um desempenho sistematicamente superior. Existem dois países diferentes, na educação básica brasileira. Nesse meio tempo surgiu a pressão por uma "educação baseada em evidências". Os novos usuários da escola pública – usuários e empregadores – fizeram o interesse pela qualidade do ensino público se tornar cada vez mais abrangente e difuso na sociedade.

A Constituição Federal de 1988 foi um marco na história dos sistemas municipais de ensino no Brasil, na medida em que ela descentralizou a gestão educacional e possibilitou maior responsabilidade aos municípios na organização e manutenção de seus sistemas. A LDB (1996) deu outro passo nessa direção, reforçando a autonomia municipal. As gestões podem agora ser mais bem adaptada às necessidades de cada comunidade. Na prática esse espaço de autonomia encolheu. Nesse mesmo período, as escolas tiveram que atender as exigências da BNCC e foram pressionadas a melhorar o desempenho nas avaliações nacionais, alcançando posições melhores no Ideb. Uma das estratégias que as prefeituras usam para enfrentar essas dificuldades é a compra de soluções didáticas padronizadas. Elas adotam apostilas, softwares e plataformas nacionais. Do municipal sobra apenas a capa do caderno.

O engessamento do ensino pelo sistema de apostilas e plataformas criou uma situação delicada. Os professores, ao mesmo tempo que percebem isso como uma interferência na forma e no conteúdo de seu trabalho, são aliviados na carga de trabalho. Muitos professores adotam as apostilas para facilitar seu trabalho diário, mas nem sempre avalizam a qualidade do material fornecido; outros resistem, incluem outros materiais e procedimentos e se expõem à crítica das coordenações pedagógicas. As prefeituras exigem das escolas bons índices no Ideb.

* * *

Foi preciso acontecer uma epidemia de ansiedade e depressão para nos obrigar a ver a escola com outros olhos, de uma outra forma. A escola começa a ser vista agora como um espaço que pode contribuir decisivamente para a restauração da saúde mental das crianças, degradada pelo uso intensivo das tecnologias de virtualização da vida: um espaço espiritual.

Diferentemente do que acontece no mundo virtual, a escola é um ambiente de presenças baseadas em regras, uma pessoa diante da outra, com uniformes e emblemas; nesse ambiente de presença corporificada, as práticas de autocontrole emocional, afetivo, têm um lugar tão importante quanto o currículo escolar, que segue sendo a arca preciosa que guarda o estoque de habilidades e conhecimentos valiosos. A escola oportuniza exercícios de autossuperação e momentos de admiração e surpresa diante das coisas valiosas. Ela não é, portanto, um aparelho de disciplinamento, opressão ou dominação, como foi dito por alguns teóricos. Essa percepção, que ainda hoje é corrente, resulta do uso equivocado de uma *teoria* social. A escola não é uma teoria. É um dos espaços da vida do espírito.

Não há *uma* solução para os problemas que estamos vivendo. Precisamos pensar em *muitas*, e todas elas dependem de novos aprendizados e novas atitudes de todos nós. A internet não é um meio neutro de comunicação, tampouco a fala humana o é. Se lembramos disso, temos uma pista para repensar as formas de socialização e responsabilidade que precisamos cultivar, na escola e fora dela.

REFERÊNCIAS

AGOSTINHO, Santo. *Confissões*. Trad. J. Oliveira Santos e A. Ambrósio de Pina. Petrópolis: Vozes, 1988.

_____. *A cidade de Deus*: (contra os pagãos), parte I. Trad. de Oscar Paes Lemes. Petrópolis: Vozes, 1990.

ALTER, Adam. *Irresistible*: The Rise of Addictive Technology and the Business of Keeping Us Hooked. New York: Penguin Press, 2017.

ALTHUSSER, *Louis*. *Aparelhos ideológicos de Estado*. Trad. Walter José Evangelista e Maria Laura Viveiros de Castro. Rio de Janeiro: Paz e Terra, 2023.

ARENDT, Hannah. *Entre o passado e o futuro*. Trad. Mauro W. Barbosa de Almeida. São Paulo: Perspectiva, 1972.

ARISTÓTELES. *De Anima*. Trad. Maria Cecília Gomes dos Reis. São Paulo: Editora 34, 2006.

AUSTIN, John. *Quando dizer é fazer*. Trad. Danilo Marcondes de Souza Filho. Porto Alegre: Artes Médicas, 1990.

BELLAH, Robert. *"Religious evolution"*. In: *American Sociological Review*, v. 29, n. 3, jun. 1964, pp. 358-74.

_____. *Challenging Modernity*. New York: Columbia University Press, 2024.

BOURDIEU, Pierre; PASSERON, Jean-Claude. *A reprodução*: Elementos para uma teoria do sistema de ensino. Trad. Reynaldo Bairão. Petrópolis, RJ: Vozes, 2014.

BRUNER, Jerome. *The Culture of Education*. Cambridge: Harvard University Press, 1996.

BUCKMAN, Peter. *Educação sem escolas*. Trad. Álvaro Cabral. Rio de Janeiro: Livraria Eldorado Tijuca, s.d.

CAPLAN, Bryan. *The Case Against Education*: Why the Education System is a Waste of Time and Money. Princeton: Princeton University Press, 2018.

CARR, Nicholas. *Superbloom*: How Technologies Of Connection Tear Us Apart. New York: Norton, 2025.

_____. *The Shallows*: What the Internet is Doing to Our Brains. New York: W. W. Norton & Company, 2010.

CLANCHY, M. T. *From Memory to Written Record:* England 1066-1307. Oxford: Wiley-Blackwell, 2013.

CHALMERS, David J. *Reality* +: Virtual Worlds and the Problems of Philosophy. New York: W. W. Norton & Company, 2022.

CORBETT, Lionel. *A psique e o sagrado*: espiritualidade para além da religião. Trad. Gentil Avelino Titton. Petrópolis: Editora Vozes, 2024.

COURTWRIGHT, David. *The age of Addiction*: How Bad Habits Became Big Business. Cambridge: Harvard University Press, 2019

DAVIES, Philip. 'What is evidence-based education?' *British Journal of Educational Studies*. v. 47, n. 47, 1999, pp. 108-21.

Dictionnaire de Spiritualité Ascetique et Mystique. Paris, Beauchesne, 1961. Tomo IV, II.

DONALD, Merlin. *Origins of the Modern Mind*: Three Stages in the Evolution of Culture and Cognition. Massachusets: Harvard University Press, 1993. (Trad.: *Origens do pensamento moderno*. Trad. de Carlos de Jesus. Lisboa: Fundação Calouste Gulbenkian, 1999.)

_____. *A Mind So Rare*: The Evolution of Human Consciousness. New York: W. W. Norton & Company, 2001.

DOUGLAS, Mary. *Como as instituições pensam.* Trad. Carlos Eugênio Marcondes de Moura. São Paulo: Edusp, 1998.

DURHAM, Eunice Ribeiro. A política educacional do governo Fernando Henrique Cardoso: uma visão comparada. *Novos Estudos Cebrap,* São Paulo, v. 29, n. 3, pp. 153-79, 2010.

DURKHEIM, Émile. *As formas elementares da vida religiosa:* o sistema totêmico da Austrália. Trad. Paulo Neves. São Paulo: Martins Fontes, 1996.

FERNANDES, Beatriz; MAIA, Berta Rodrigues; PONTES, Halley M. Adição à internet ou uso problemático da internet? Qual dos termos usar? *Psicologia USP,* v. 30, 2019.

FIGUEIREDO, Guilherme. *Um deus dormiu lá em casa* (e outros textos). Rio de Janeiro: Civilização Brasileira: 1964.

FLORIDI, Luciano. *The 4th Revolution:* How the Infosphere Is Reshaping Human Reality. Oxford: Oxford University Press, 2014.

_____. The Eclipse of the Analogue, the Harware Turn, and How to Deal with Both. 10 mar. 2025). Disponível em: <https://papers.ssrn.com/sol3/papers.cfm?abstract_id=5172535>.

FOUCAULT, Michel. *Vigiar e punir:* nascimento da prisão. Trad. Raquel Ramalhete. Petrópolis, Vozes, 1987.

FRANKFURTH, Harry. *The Importance of What We Care About:* Philosophical Essays. Cambridge: Cambridge University Press, 1988.

FREIRE, Paulo. *Educação como prática da liberdade.* Rio de Janeiro: Paz e Terra, 1983.

_____. *Pedagogia do oprimido.* Rio de Janeiro: Editora Paz e Terra, 2014.

FREUD, S. *Edição standard brasileira das obras psicológicas completas de Sigmund Freud.* Trad. Jayme Salomão e José Octávio de Aguiar Abreu. Rio de Janeiro: Imago, v. XIV, XIX, XXI, XXII, 1976.

GADAMER, Hans-Georg. *Verdade e método II.* Trad. Enio Paulo Giachini. Petrópolis: Vozes, 2002.

GATTI, Bernadete. "Formação de professores: compreender e revolucionar". In: JUNIOR, Celestino Alves da Silva et al. *Por uma revolução no campo da formação de professores* (Portuguese Edition). São Paulo: Editora Unesp, 2016.

GATTI, Bernadete; NUNES, Marina Rossa (orgs.) *Formação de professores para o ensino fundamental:* estudo de currículos das licenciaturas em Pedagogia Língua Portuguesa, Matemática e Ciências Biológicas. Fundação Carlos Chagas, v. 29, 2009.

GEACH, Peter. *Razão e argumentação.* Trad. Clarissa Vido e outros. Porto Alegre: Editora Grupo A, 2012.

GOFFMANN, Erving. *Manicômios, prisões e conventos.* Trad. Dante Moreira Leite. São Paulo: Perspectiva, 1987.

GOIS, Antônio. *O ponto a que chegamos:* duzentos anos de atraso educacional e seu impacto nas políticas do presente. Rio de Janeiro: FGV Editora, 2022.

GOODY, Jack; WATT, Ian. *As consequências do letramento.* Trad. Waldemar Ferreira Netto. São Paulo: Paulistana Editora, 2006.

_____. *A domesticação da mente selvagem.* Trad. Vera Joscelyne. Petrópolis: Vozes, 2012.

_____. *A lógica da escrita e a organização da sociedade.* Trad. Teresa Louro Pérez. Coimbra: Edições 70, 2022.

GUINSBURG, Simona; JABLONKA, Eva. *The Evolution of the Sensitive Soul:* Learning and the Origins of Consciousness. Cambridge: The MIT Press, 2019.

HABERMAS, Jurgen. *Uma outra história da filosofia.* A constelação ocidental da fé e do saber. Lisboa: Fundação Calouste Gulbenkian, v. 1, 2023.

HADOT, Pierre. *Exercícios espirituais e filosofia antiga.* Trad. Flavio Fontenelle Loque e Loraine Oliveira. São Paulo: É Realizações, 2014.

HAIDT, Jonathan. *A geração ansiosa:* como a infância hiper conectada está causando uma epidemia de transtornos mentais. Trad. Lígia Azevedo. São Paulo: Companhia das Letras, 2024.

HARRIS, Roy. *Signs of Writing.* London: Routledge, 1995.

HAVELOCK, Eric. *The Literate Revolution in Greece and Its Cultural Consequences.* Princeton: Princeton University Press. 1982. (Trad.: *A revolução da escrita na Grécia e suas consequencias culturais.* Trad. de Ordep José Serra. São Paulo: Unesp, 1996.)

HAYES, Chris. *The Sirens' Call:* How Attention Became the World Most Endangered Resource. New York: Penguin Press, 2025.

HEGEL, G. W. F. *Linhas fundamentais da Filosofia do Direito.* Trad. Marcos Lutz Müller. São Paulo: Editora 34, 2022.

ILLICH, Ivan. *Sociedade sem escolas.* Trad. Lúcia Mathilde Endlich Orth. Petrópolis: Vozes, 1971.

INNIS, Harold A. *O viés da comunicação.* Trad. e notas Luiz C. Martino. Petrópolis: Vozes, 2011.

JABLONKA, Eva & LAMB, J. Marion. *Evolução em quatro dimensões:* DNA, comportamento e a história da vida. Trad. de Claudio Angelo. São Paulo: Companhia das Letras, 2010.

JAMES, William. *Princípios de Psicologia.* Trad. Agustín Barcena. México: Fondo de Cultura Económica. 1989.

JASPERS, Karl. *The Origin and Goal of History.* Trad. Michael Bullock. London: Routledge, 2010.

Referências

JOAS, Hans. *The Genesis of Values*. Trad. de Gregory Moore. Chicago: The University of Chicago Press, 2000.

_____. *The Sacradness of the Person:* a New Genealogy of Human Rights. Trad. Alex Skinner. Washington: Georgetow University Press, 2013.

_____. *Do We Need Religion?:* On the Experience of Self-Transcendence. Trad. Alex Skinner. London: Routledge, 2016.

JUNG, C. G. The Phenomenology of the Spirit in Fairy Tales. In: *Spirit and Nature*: Papers from the Eranos Yearbook. Princepton University Press, 1972, p. 5.

KENNY, Anthony. *What I Believe*. London: Continuum, 2006.

KONERSMANN, Ralf (org). *Dicionário das metáforas filosóficas*. Trad. Vilmar Schneider e Nélio Schneider. São Paulo: Loyola, 2012.

LATIF, Zeina. *Nós do Brasil:* nossa herança e nossas escolhas sociais. Rio de Janeiro: Record, 2022.

LEMBKE, Anna. *Nação dopamina*. Trad. Elisa Nazarian. São Paulo: Vestígio, 2022.

LEROI-GOURHAN, André. *O Gesto e a palavra 1*. Técnica e Linguagem. Trad. Vitor Gonçalves. Lisboa: Edições 70, 1985.

LIMA, Lauro de Oliveira. *Mutações em educação segundo McLuhan*. Petrópolis: Editora Vozes, 1971.

LOYOLA, Ignatius of. *The Spiritual Exercises and Selected Works*. George E. Ganss, S. J. (ed.). New York: Paulist Press, 1991.

MARTIN, Jean-Pierre; HONDT, Laurence. *"Allah n'a rian à faire dans ma classe":* enquete sur la solitude des profs face à la montée de l'islamisme. Paris: Racine, 2024.

MCLUHAN, Marshall. *Os meios de comunicação como extensões do homem* (*Understanding Media*). Trad. Décio Pignatari. São Paulo: Cultrix, 2007.

MELLO, Guiomar Namo de. *Magistério de 1º grau:* da competência técnica ao compromisso político. São Paulo: Cortez, 1998.

MEYROWITZ, Joshua. *No Sense of Place:* The Impact of Electronic Media on Social Behaviour. New York: Oxford University Press, 1985.

MILLER, Alice. *No princípio era a educação*. Trad. Eurides Avance de Souza. São Paulo: Martins Fontes, 2006.

MUNFORD, Lewis. *El mito de la máquina:* técnica y evolucion humana. Buenos Aires: Pepitas de Calabaza, 2013.

OAKESHOTT, Michael. *The Voice of Liberal Learning*. Indianapolis: Liberty Fund, 2001.

_____. *On Human Conduct*. Oxford: Clarendon Press, 2003.

OLSON, David. *O mundo no papel:* as implicações conceituais e cognitivas da leitura e da escrita. Trad. Sérgio Bath. São Paulo: Ática, 1997.

ONG, Walter. *Oralidad y escritura:* tecnologias de la palabra. Trad. de Angélica Scherp. México: Fondo de Cultura Económica, 2011 [1982].

PARRA, Nélio. O questionável papel das faculdades de educação. In: CATANI, Denice Bárbara et al. (orgs). *Universidade, escola e formação de professores*. São Paulo: Brasiliense, 1986.

PESSOA, Fernando. *Livro do desassossego*. Jerônimo Pizarro (ed.). Rio de Janeiro: Tinta da China, 2013.

POSTMAN, Neil. *O desaparecimento da infância*. Trad. Suzana Menescal de A. Carvalho e José Laurenio de Melo. Rio de Janeiro: Graphia, 2012.

QUADROS, Claudemir. *As brizoletas cobrindo o Rio Grande:* a educação pública no Rio Grande do Sul durante o Governo de Leonel Brizola (1959-1963). Santa Maria: Editora da UFSM, 2002.

REINER, Everett. *A Escola Está Morta*: Alternativas em Educação. Trad. Tonie Thompson. Rio de Janeiro: Francisco Alves, 1983 [1975].

ROCHA, Ronai. *Quando Ninguém Educa:* questionando Paulo Freire. São Paulo: Editora Contexto, 2017.

_____. *Escola partida:* ética e política na sala de aula. São Paulo: Contexto, 2020.

ROMO, Andrés Donoso. *A Educação Emancipatória:* Iván Illich, Paulo Freire, Ernesto Guevara e o pensamento latino-americano. Trad. Daniel Garroux e Mariana Moreno Castilho. São Paulo: Edusp, 2020.

ROUSSEAU, J. J. *Emílio ou Da Educação*. Trad. Roberto Leal Ferreira. São Paulo: Martins Fontes, 2004.

SANTAELLA, Lucia. *Neo-Humano:* A sétima revolução cognitiva do Sapiens. São Paulo: Paulus, 2022.

SCHELER, Max. *A posição do homem no cosmos*. Trad. Marco Antônio Casanova. Rio de Janeiro: Forense Universitária, 2003.

SCHWARZ, Roberto. *Ao Vencedor as Batatas*. São Paulo: Livraria Duas Cidades, 1988.

SEARLE, John. *The Construction of Social Reality*. New York: The Free Press, 1995.

SIMONDON, Gilbert. *Do modo de existência dos objetos técnicos*. Trad. Vera Ribeiro. Rio de Janeiro: Contraponto, 2020.

SPENGLER, Oswald. *A decadência do Ocidente*. Trad. Herbert Caro. Rio de Janeiro: Zahar, 1973.

STEINER-ADAIR, Catherine. *The Big Disconnect:* Protecting Childhood and Family Relationships in the Digital Age. New York: HarperCollins, 2013.

TURKLE, Sherry. *The Second Self:* Computers and Human Spirit. Cambridge, New York: Simon & Schuster, 1984.

_____. *Life on Screen*: Identity in the Age of the Internet. New York: Touchstone, 1995.

_____. *Reclaiming Conversation*: The Power of Talk in a Digital Age. New York: Penguin Press, 2015.

VALÉRY, Paul. *Oeuvres II*. Paris: Editions Gallimard, 1962.

WEIL, Simone. *A gravidade e a graça*. Trad. Paulo Neves. São Paulo: Martins Fontes, 1993.

WITTGENSTEIN, Ludwig. *O livro azul*. Trad. Jorge Mendes. Lisboa: Edições 70, 1992.

WOLF, Marianne. *O cérebro no mundo digital*. Trad. Rodolfo Ilari e Mayumi Ilari. São Paulo: Contexto, 2019.

_____. *O cérebro leitor*. Trad. Alcebíades Diniz Miguel. São Paulo: Contexto, 2024.

YOUNG, Kimberley. *Caught in the Net*: How to Recognize the Signs of Internet Addiction and a Winning Strategy for Recovery. New York: John Wiley & Sons, 1998a.

_____. Internet Addiction: The Emergence of a New Clinical Desorder. In: *Cyberpsychology & Behaviour*. v. 1, n. 3, 1998b.

YOUNG, Kimberley; ABREU, Cristiano Nabuco. *Internet Addiction: A handbook and guide to evaluation and treatment*. New Jersey: John Wiley & Sons, 2011.

YOUNG, Michael (ed.). *Knowledge and Control:* New Directions for the Sociology of Education. London: Collier-MacMillan, 1971.

O AUTOR

Ronai Rocha é doutor em Filosofia pela Universidade Federal do Rio Grande do Sul (UFRGS). Foi professor na Universidade Federal de Santa Maria (UFSM). Desde o início de sua vida profissional, pesquisa temas ligados à educação. Pela Contexto é autor dos livros *Quando ninguém educa: questionando Paulo Freire*, *Escola partida: ética e política na sala de aula* e *Filosofia da educação*.

CADASTRE-SE
EM NOSSO SITE,
FIQUE POR DENTRO DAS NOVIDADES
E APROVEITE OS MELHORES DESCONTOS

LIVROS NAS ÁREAS DE:

História | Língua Portuguesa
Educação | Geografia | Comunicação
Relações Internacionais | Ciências Sociais
Formação de professor | Interesse geral

ou
editoracontexto.com.br/newscontexto

Siga a Contexto
nas Redes Sociais:
@editoracontexto

GRÁFICA PAYM
Tel. [11] 4392-3344
paym@graficapaym.com.br